ELISABETH DREISBACH

Ganz wie Mutter

CHRISTLICHES VERLAGSHAUS GMBH
STUTTGART

1978
62.—66. Tausend
Umschlaggestaltung: Gotthold Ripp, Stuttgart
Gesamtherstellung: Druckhaus West GmbH, Stuttgart
ISBN 3-7675-7003-3

„... und dabei bleibt's; am Ersten geh' ich."
Auguste, die Haushälterin, hatte die Arme in die Seiten gestemmt und stand mit energischem Gesichtsausdruck vor ihrem Herrn, Professor Brenner, der an seinem Schreibtisch saß und in den Seiten eines mächtigen, wissenschaftlichen Werkes blätterte. Diese Störung paßte ihm gar nicht. Seit Stunden hatte er sich mit einer schwierigen, wissenschaftlichen Aufgabe befaßt und glaubte, gerade eine außerordentlich wichtige Lösung gefunden zu haben, da war die Haushälterin eingetreten. Sie hatte einigemal an das Studierzimmer geklopft, aber keine Antwort erhalten. — Plötzlich stand sie vor ihm und hatte sofort einen Wortschwall auf ihn losgelassen. Es war ihm nicht möglich gewesen, auch nur ein Drittel ihrer Rede zu begreifen, und er wünschte, sie möchte sich kurz fassen und ihn baldigst wieder seinen Erwägungen überlassen. Aber sie ließ sich nicht unterbrechen, und wie ein nicht zu dämmender Wasserfall sprudelte es auf ihn nieder.

Der Professor saß da mit einem Gesicht, als bereite ihm allein das Zuhören körperlichen Schmerz.

Auguste machte eine kleine Pause. Die benutzte er schleunigst, auch einmal zu Wort zu kommen.

Es ist gut, beste Amanda, wir sprechen in einigen Tagen wieder darüber."

„Erstens heiße ich Auguste, Sie verwechseln mich wieder mit einer Ihrer vorigen Haushälterinnen, und zweitens", sie rang in komischer Verzweiflung die Hände — „du meine Güte, der Herr Professor hat scheinbar wieder einmal kein Wort von dem, was ich gesagt habe, begriffen. In ein paar Tagen darüber sprechen? In vierzehn Tagen ist doch schon der erste Juni. Ich habe ordnungsgemäß am Ersten gekündigt. Nun trifft der Herr Professor keine Anstalten, Ersatz für mich zu suchen."

Die gute Alte hatte sich ganz in Schweiß geredet. Der Professor strich seufzend über seine Stirne. Seine Nerven litten unter solchen Geräuschen. Jetzt aber schien er doch begriffen zu haben, um was es sich handelte.

„Also Sie wollen fort von uns? Ja, aber beste Auguste, warum denn nur? Gefällt es Ihnen denn so schlecht bei uns?"

„Ach du gütiger Himmel", jammerte das alte Mädchen. „Jetzt fragt er auch noch warum! Soll ich denn den ganzen Sums noch einmal hersagen? Ich möchte wirklich einmal wissen, wer es hier länger als drei Monate aushält. Alle meine Vorgängerinnen sind in den ersten acht bis zehn Wochen wieder ausgerückt, und ich hab's wahrhaftig auf ein halbes Jahr gebracht, und wenn das Peterle nicht da wär" — nun fing sie tatsächlich an zu schluchzen —, „nur wegen dem unschuldigen armen Lamm, das ohne Mutter aufwachsen tut, hab' ich ausgehalten. Aber nun ist's aus, nun ist's ganz und gar aus. Ich mach einfach nicht mehr mit."

Große Tränen rollten ihr über die Backen und kullerten an der steifgestärkten Schürze herunter. Der Professor rieb sich verlegen die Hände.

„Aber beste Auguste, das tut mir ja alles unendlich leid, was kann ich denn tun, um Ihnen zu helfen?"

Nun war Auguste an der Reihe, den Kopf zu schütteln. Es war unmöglich, mit dem Mann war nichts anzufangen. — Sie wollte sich gerade erheben, um das Zimmer zu verlassen, als die Türe heftig aufgerissen wurde und ein fünfzehnjähriges, bildhübsches Mädchen hereinstürmte.

„Papa, ich muß auf der Stelle fünf, sechs Mark haben. Morgen macht unsere Klasse einen Schulausflug. Ich will dafür Einkäufe besorgen."

Professor Brenner griff wortlos in die Schublade seines

Schreibtisches, wo er in einer Pappschachtel verschiedene Geldstücke liegen hatte.

Auguste aber erhob Einspruch.

„Fränzi, was brauchst du fünf oder sechs Mark? Es ist alles in der Speisekammer, was du nötig hast. Ich packe dir deinen Rucksack voll. Nütze die Gutmütigkeit deines Vaters nicht aus."

Franziska maß die Haushälterin mit einem herausfordernd hochmütigen Blick.

„Ich wüßte nicht, daß ich mit Ihnen gesprochen hätte. Mischen Sie sich gefälligst nicht in Angelegenheiten, die Sie nichts angehen."

Auguste verließ zornig das Zimmer.

„Das ist gewiß, am Ersten geh' ich." Wütend schlug sie die Tür hinter sich zu.

Der Professor reichte seiner Tochter das gewünschte Geld und sagte in ängstlich besorgtem Ton: „Fränzi, so solltest du nicht zu der Auguste reden. Sie hat mir soeben gesagt, daß sie fortgehen will, wir müssen die Mädchen auch vernünftig behandeln, sonst bleibt niemand bei uns."

Das junge Mädchen warf schnippisch den Kopf in den Nacken.

„Laß sie doch gehen, dann kommt eben wieder eine andere." Und schon war sie draußen, während ihr Vater sich seufzend dem wissenschaftlichen Werk zuwandte.

Auguste hatte wirklich nicht übertrieben. Es sah schlimm aus im Hause des Professors Brenner. Vor fünf Jahren, an dem Tage, als Peter, der herzige, von allen verwöhnte Liebling geboren wurde, war die Mutter, die seelengute, stille und doch stets heitere Mutter gestorben. Mit ihr, so schien es, hatte man alles Licht, alle Wärme, alle Freude, aber auch jegliche Ordnung aus dem Hause getragen. Frau Maria war des Hauses Seele gewesen. Sie hatte die Familie zusammengehalten, den Haushalt mustergültig geführt und den stets zerstreuten, oft recht eigentümlichen Gatten zu nehmen gewußt. Alle hingen mit unbeschreiblicher Liebe an ihr. Der Professor nannte sie seinen guten Engel, ohne den er, trotz seines reichen Wissens, ein unbeholfener Mensch war. Es konnte sich niemand das Dasein ohne die Mutter vorstellen. Und dann kam jener schreckliche Morgen. Paula, das Mädchen, weckte die drei Kinder mit der Nachricht, daß in der Nacht ein Brüderlein angekommen sei und daß sie leise zur Mutter kommen dürften. Daraufhin waren sie natürlich mit Hallo davongestürzt und hatten alle drei hineingeschrien in das verdunkelte Schlafzimmer: „Mama, Mama, wo ist das Brüderlein, das neue Brüderlein?" Aber eine fremde Frau in weißer Schürze und Haube hatte entsetzt die Hände erhoben und dann einen Finger auf den Mund gelegt, während sie auf die Mutter deutete, die totenblaß aber freundlich lächelnd im Bette lag. Da waren sie alle ganz still geworden, und Ruth, deren Tränen von jeher locker saßen, hatte angefangen zu weinen, worauf die fremde weiße Frau sie alle drei hinausschob, wie man einen ungezogenen Hund aus dem Zimmer sperrt. So hatte wenigstens Herbert, der ältere, damals gesagt. Daraufhin schlug er vor Wut mit der Faust an die Türe, die die Frau gleich hinter ihnen zugeschlossen hatte, was Fränzi so entrüstete, daß sie auf die Türklinke spuckte. Das Brüderlein hatten sie gar nicht zu sehen bekommen. Am Mittag war plötzlich eine so beängstigende Unruhe im Hause gewesen. Und dann war Mama gestorben.

Die drei hatten es zuerst gar nicht fassen können. Erst als man sie an den blumengeschmückten Sarg führte, in dem die Mutter wie ein schlafender Engel lag, hatten sie die Tragweite des Geschehnisses begriffen. Am Abend hatten sie sich gefürchtet. Alle drei waren in ein Bett gekrochen und hatten flüsternd und schluchzend von ihrer einzigen lieben Mama gesprochen.

„Und ich hab' noch mit der Faust an die Tür geschlagen", klagte Herbert sich reumütig an, „und du, Fränzi, hast sogar auf die Türklinke gespuckt."

„Aber doch nicht wegen Mama, sondern nur wegen der fremden Frau", schluchzte diese.

Dann war plötzlich die Türe aufgegangen, und der Vater war hereingekommen. In den Armen hielt er, so ungeschickt wie nur möglich, ein weißes Bündel, auf das er hilflos niedersah. Das war Peterle, das neue Brüderchen. Vater setzte sich auf den Bettrand zu den Kindern, und es schien ihm gar nicht merkwürdig, daß alle drei zusammenlagen. Die Kinder sahen ihn mit großen ängstlichen Augen an. Er aber saß da, das kleine Kind im Arm, und eine Träne nach der andern rollte über das Gesicht und er sagte nichts als das eine: „Nun ist sie tot — nun ist sie tot!"

Die Kinder aber, die ihren Vater nie hatten weinen sehen, begannen alle herzzerbrechend zu schluchzen, selbst das kleine Brüderlein bewies seine Zugehörigkeit zu dieser Trauergemeinde, indem es kläglich zu schreien begann. Dieses jammervolle Weinen aber verwirrte den Professor derartig, daß er das Kleinste zu den andern ins Bett legte. Die Mutter fehlte. Die gute Mutter, die wußte ja immer Rat. Aber nun war sie tot. Seine Maria, seine geliebte Frau, war tot.

Paula, die ihn und das neugeborene Kind suchte, fand ihn zusammengekauert am Totenbett sitzen. Die drei Kinder aber hatten sich in den Schlaf geweint. Eng aneinandergeschmiegt, zwischen sich das Brüderchen, lagen sie da.

Paula nahm behutsam den Kleinen hoch und flüsterte mitleidig: „Ihr armen Kinder, wie wird's euch gehen ohne Mutter?"

Und es ging nicht gut.

Es schien, als ob etwas zerbrochen wäre, was einfach nicht mehr zusammenhalten wollte. Paula, die viele Jahre im Hause des Professors treue Dienste geleistet hatte, mußte plötzlich zu ihren alten Eltern, um die schwerkranke Mutter zu pflegen. Und nun begann der Zerfall der Familie. Wie viele Dienstmädchen und Haushälterinnen waren in diesen fünf Jahren schon dagewesen... Die Kinder zählten sie spaßhalber manchmal an den Fingern auf. „Anna, Trude, Martha, Berta, und so weiter..." Sie blieben nie lange. Vier Kinder, darunter ein ganz Kleines, und so ein grübelnder, nur seiner Wissenschaft lebender Mann, der den praktischen Dingen des Lebens fremd und hilflos gegenüberstand, nein, das paßte ihnen nicht. Mit der Zeit war der Haushalt vollständig verwahrlost. Einige untreue Dienstboten eigneten sich aus dem Hausbestand Wäsche oder Silberstücke an, das Haushaltungsgeld wanderte in die eigene Tasche und die Kinder wurden vernachlässigt. Um ihre Erziehung kümmerte sich niemand. So geschah es, daß sie wild und zügellos aufwuchsen. Klagten die Dienstboten dem Vater die Unarten der Kinder, so schlug dieser ganz plötzlich einen energischen Ton an. Er strafte auch hin und wieder einmal. Es war ihm aber zu zeitraubend, sich mit den Streitpunkten und deren Ursachen näher zu befassen, und so mußten alle drei — Peterle war natürlich ausgeschlossen — wahllos herhalten und der Unschuldige mit dem Schuldigen leiden. Mit der Zeit aber wußten die Kinder solchen Strafmaßnahmen aus dem Wege zu gehen.

Jetzt war Herbert ein fast siebzehnjähriger junger Mann, der die Oberschule besuchte. Franziska war ein intelligentes Mädchen, in der Töchterschule eine gelehrige Schülerin, jedoch bekannt als hochmütig und schnippisch. Ruth, jetzt elfjährig, war von jeher kränklich, daher sehr empfindlich und oft launenhaft. Peterle, das Nesthäkchen, wurde als letztes Vermächtnis der verstorbenen Mutter betrachtet und daher von allen verwöhnt. Auguste, die augenblickliche Haushälterin, hatte wirklich versucht, in diesem verwahrlosten Haushalt Ordnung zu schaffen. Sie war eine mütterliche Natur und empfand tiefes Mitleid mit den mutterlosen Kindern. Aber ihre Erfahrungen im Hause des Professors waren so entmutigend, daß sie es einfach nicht länger aushalten konnte. Ihre Pflichttreue aber verbot ihr, das Haus früher zu verlassen, bis jemand anderes für sie gefunden war. Da die Verhältnisse im Hause des Professors im ganzen Ort bekannt waren, wollte sich niemand bereit erklären, Augustes Nachfolgerin zu werden.

Ein herrlicher Sommertag war's. Über den mit tausend würzigen Alpenblumen bedeckten Bergmatten wölbte sich ein strahlendblauer Himmel. Majestätisch hoben sich die gewaltigen Schneeberge davon ab. In unbeschreiblicher, blendender Reinheit standen Jungfrau, Mönch und Eiger da. Wie klein kam man sich dagegen vor. Leuchtend strahlte das Weiß des ewigen Schnees hinein in die festliche Atmosphäre des Sommertages, und als von Interlaken herauf die Glocken den Sonntag einläuteten, da war es, als wenn alles Sichtbare sich die Hand gereicht hätte zu einem Bund ewiger Harmonie. Es war überwältigend!

Das rege Leben in den Hotels und Pensionen, die um diese Jahreszeit von Sommergästen überfüllt waren, hatte noch nicht begonnen. Die meisten der Fremden liebten es, lange zu schlafen. Ihr Tag begann erst kurz vor Mittag. Unter den wenigen Fußgängern, die an diesem Morgen das Straßenbild belebten, fiel ein ungleiches Paar auf. Ein älterer Herr und eine jüngere Dame. Der Herr trug den Hut in der Hand, so daß der leichte Wind mit seinem vollen weißen Haar spielte. Hinter der Hornbrille blickten ein paar kluge und doch ungemein gütige Augen forschend umher. Er stützte sich leicht auf seinen Bergstock, aber sein Gang war trotz seines Alters noch fest und sicher. Seine Begleiterin mochte etwa dreißig Jahre alt sein. Ihr schlicht gekämmtes blondes Haar war zu einem vollen Knoten am Hinterkopf aufgesteckt. Über einem grauen Wollrock trug sie eine gestickte Bluse.

Man hätte die beiden unbedingt für Vater und Tochter halten können, aber soeben wandte sich die Dame ihrem Begleiter zu: „Onkel, wird dir der Weg nicht zu weit sein? Ich fürchte, du mutest dir in diesen Tagen zuviel zu."

Der alte Herr hob in humorvoller Weise drohend den Stock. „Ich muß doch sehr bitten, du tust gerade, als sei ich ein ausgemergelter, alter Knopf. Wer hat denn kürzlich bei unserer Tour auf den Harder schlapp gemacht? Du oder ich?"

„Ach Onkel", erwiderte die Nichte lachend, „das muß ich noch oft hören. Dabei war es das erstemal, daß es mir ein wenig übel wurde bei einer Tour, und das hatte ja auch seinen Grund. Ich hatte am Morgen kaum etwas gegessen. Das hat sich dann gerächt."

„Nun gut", sagte der alte Herr, „wir wollen sehen, wer von uns beiden heute am meisten Ausdauer hat."

Sie stiegen tapfer drauflos. Ringgenberg, ein freundliches Dörfchen, war ihr Ziel. — Pfarrer Winter war ein großer Naturfreund, der am liebsten jeden Tag eine Tour gemacht hätte. Seine Gattin, die kränklich war, konnte ihn bei seinen Ausflügen nicht begleiten, hatte aber eine ausgezeichnete Vertretung in ihrer Nichte, Henriette Brenner. Während Frau Winter, wohlversorgt von der Pensionsmutter, zu Hause blieb, zogen die beiden auf ihre Forschungsreisen, wie sie ihre Touren nannten, von denen sie gewöhnlich die Arme voller Blumen heimbrachten. Die Hochmatten mit ihrer Fülle von Alpenrosen, Enzian, Bärentölpli, und wie die Blumen sonst noch heißen, waren aber auch märchenhaft schön. Die beiden Touristen vermochten sich kaum loszureißen von der stillen Schönheit dieser Bergwelt. —

Mit gefalteten Händen stand der alte Pfarrer oft zwischen all den Tausenden duftender Blumen und schaute mit glänzenden Augen hinauf zu den gewaltigen Bergen. „Und da gibt es Menschen, die an dem Dasein Gottes zweifeln!" — Henriette störte ihn nicht in solchem Selbstgespräch. Auch ihr Herz war feierlich gestimmt und beugte sich in schweigender Ehrfurcht vor der unfaßlichen Schöpfermacht Gottes. Einmal hatten sie sogar Edelweiß mit nach Hause gebracht. Die Schilderungen ihrer Touren waren so lebhaft, daß die Pfarrfrau meinte, sie mit ihnen zu erleben und sich herzlich daran erfreute.

Auch heute, an diesem leuchtenden Sonntagmorgen, gingen die beiden Wanderer vollständig auf in der Schönheit rings um sie her. Beide Hände hatte Henriette schon gefüllt mit tiefblauem Enzian und strahlendgoldenen Trollblumen, und noch immer schien es ihr nicht zu reichen. Sie wandte sich an den alten Herrn an ihrer Seite.

„Komm, Onkel, du mußt den Strauß tragen, ich pflücke dann noch einen. Wir wollen doch der Tante soviel wie möglich von der würzigen Alpenschönheit bringen."

Spät am Mittag kehrten sie heim, sonnenverbrannt und blumengeschmückt.

„Tante, sieh nur diese Pracht", rief Henriette begeistert der alten Dame entgegen. „Dein ganzes Zimmer wird gleich blühen und duften." Und sie schüttete der alten Dame die bunte Gabe in den Schoß.

„Ich danke dir, sieh, hier habe ich auch etwas für dich."

Henriette griff nach dem Brief, der nebenan auf dem Tische lag und ihre Adresse trug. Er war an das Pfarrhaus im Erzgebirge, wo Pfarrer Winters Wirkungskreis war, gesandt und hierher nachgeschickt worden.

Henriette öffnete den Umschlag und blickte erstaunt und gleichzeitig belustigt auf den Brief. Der Schreiber mochte selten eine Feder zur Hand nehmen. — Sie las laut vor:

„Güntherstal bei Freiburg
Wertes Fräulein Brenner!

Jetzt weiß ich mir wirklich keinen Rat mehr. Die Kinder können auf keinen Fall allein bleiben. Besonders nicht das kleine unschuldige Lamm. Ich bleibe solange, bis Sie kommen. Es muß jemand den Haushalt übernehmen, der was davon versteht. Und nach vielem Fragen habe ich herausgekriegt, daß der Professor eine Schwester hat, das müssen Sie wohl sein. Bitte packen Sie gleich Ihre Koffer. Sie werden nötig gebraucht.

Mit bestem Gruß Auguste Schmalzbach."

Henriette blickte fragend auf Tante und Onkel. „Das muß die Haushälterin meines Bruders geschrieben haben."

„Und was gedenkst du zu tun?" fragte der Onkel.

„Das möchte ich euch fragen?" antwortete die Nichte.

Nun polterte der alte Herr los. „Ich will dir mal was sagen, Henni, diese Auguste Schmalztopf oder Schmalzbach, wie sie heißt, scheint sich einzubilden, daß du nur so hergepfiffen werden kannst. Das wäre ja noch schöner, mitten aus unserem Ferienaufenthalt heraus. Wer soll denn da mit mir auf die Berge steigen — und — und —" Pfarrer Winter war ganz in Erregung gekommen und begann im Zimmer auf und ab zu gehen. „Wer weiß, ob dein Bruder, der Paul, überhaupt von diesem Brief eine Ahnung hat. Seit Jahren hat der würdige Herr Professor nichts von sich hören lassen, und nun soll seine kleine Schwester plötzlich ihren Pflichtenkreis verlassen und —"

„Laß es vorerst einmal gut sein, Vater", unterbrach ihn jetzt seine Gattin, „Henni ist alt genug, um zu wissen, was sie tun muß." Und zu ihrer Nichte gewandt fuhr sie fort: „Was sagt dir dein Herz, mein Kind?"

Henriette Brenner stand noch immer auf demselben Fleck, den Blick auf den Brief in ihrer Hand gerichtet.

„Sie werden nötig gebraucht", las sie jetzt noch einmal halblaut vor. „Ich meine, das ist ausschlaggebend."

„Ja, wirst du vielleicht hier nicht nötig gebraucht?" fuhr der Onkel auf.

Da sah ihn seine Frau ernst an. „Vater, ich dächte, ein mutterloser Haushalt ist etwas anderes als zwei alte Leute, denen es verhältnismäßig gut geht. Du weißt, wie sehr ich Henni vermissen werde, wenn sie für einige Wochen fort ist. Es handelt sich selbstverständlich nur um eine kurze Zeit, bis Paul wieder einen zuverlässigen Menschen für die Kinder hat. Eine Frau empfindet da eben doch anders als ihr Männer, aber ich meine, du, Vater, solltest das doch begreifen."

„Und ich meine", sagte schon halb versöhnt und lächelnd ihr Gatte, „daß du besser zu einem Pfarrer gepaßt hättest als ich. Deine Predigten sind wundervoll. Im Ernst, Frauchen, du hast recht, ich bin ein ekelhafter, alter Egoist, der nur an sich selbst denkt."

Über Henriettes Züge ging ein warmer Schein. „Ach, Onkel", sagte sie, „ich kenne doch dein gutes Herz." Sie legte den Arm um seine Schulter. „Denk doch, die armen Kinder, so unversorgt ohne Mutter. Wie wäre es denn mir ergangen, wenn ihr mich nicht zu euch genommen hättet, damals, als Mutter starb. Wie wohl tat mir, der Zehnjährigen, eure Liebe."

Die Augen der Tante schimmerten feucht. „Und wie glücklich waren wir, die Kinderlosen, über unser Töchterlein."

Henriette küßte die Tante zärtlich.

„Ich fahre, wenn es euch recht ist, morgen früh. Wer weiß, wie sich die armen Kleinen nach jemand sehnen, der ein wenig lieb zu ihnen ist."

„Gib aber nicht alles weg, bring auch noch ein wenig Liebe mit zurück", neckte der Onkel. „Im übrigen kann ich mir nicht recht denken, daß die Kinder deines Bruders noch alle klein sind. Sind es nicht schon drei oder vier Jahre her, daß seine Frau starb? Acht oder neun Jahre wird das älteste gewiß schon sein."

„Zu meiner Schande muß ich gestehen, daß ich es tatsächlich nicht weiß. Als Maria starb, war ich im Ausland, und Paul hat ja in all den Jahren nie einen Briefwechsel gepflegt. Zwei oder drei Briefe, die ich schrieb, blieben unbeantwortet. Dann schrieb auch ich nicht mehr. Vielleicht war das nicht recht von mir. Ich hätte die Verbindung pflegen müssen. Na, ich werde ja morgen sehen."

„Und ich", sagte der Onkel, „werde dir einen guten Zug aussuchen und ein Telegramm an deinen Bruder aufgeben."

Henriette ging auf ihr Zimmer, um ihren Koffer zu packen. Die Tante sah ihr liebevoll nach.

„Gutes Kind, sie hat das Herz auf dem rechten Fleck."

An diesem Abend lag Henriette noch lange schlaflos. Mancherlei Bilder zogen an ihrem Geiste vorüber. Sie war als Nachkömmling geboren und hatte ihren fast fünfzehn Jahre älteren Bruder nur besuchsweise gesehen. Er wurde damals in einem Institut erzogen. Sie ging noch nicht zur Schule, als der Vater starb. Vier Jahre später begrub man auch die Mutter. Der einzige Bruder stand damals mitten in seinen Studien und konnte sich der kleinen Schwester nicht annehmen. Sie war aber keinesfalls heimatlos, denn im Pfarrhause bei Onkel und Tante Winter erwartete man die kleine Henni mit großer Freude. Ein Stücklein Paradies war der prächtige Garten beim Pfarrhaus im Erzgebirge, und Henriette verlebte eine reiche, schöne Jugend bei den Verwandten. Aus der Schule entlassen, hatte sie sich entschlossen, Erzieherin zu werden, und die Pflegeeltern hatten für eine vorzügliche Ausbildung gesorgt. Einige Jahre weilte sie im Ausland, in einer deutschen Familie, wo sie die Erziehung der einzigen Tochter übernahm. Als Tante

Winter aber kränklich wurde, bat sie Henriette, zurückzukommen. So lebte sie bei dem alten Paar und war gehalten wie das eigene Kind. Aber bei all dem Schönen bewegte sie oft die Frage nach ihrem tiefen eigentlichen Lebenszweck in ihrem Herzen. „Ich habe es so gut bei meinen Angehörigen", sagte sie sich, „aber sollte ich nicht auch noch andere Aufgaben zu erfüllen haben?" Mit dreiundzwanzig Jahren hatte sie sich mit einem Missionar verlobt. Kurz vor der Hochzeit starb dieser ganz plötzlich. Unsagbar hatte sie darunter gelitten. Je älter sie wurde, desto mehr sehnte sie sich nach einer befriedigenden Lebensaufgabe, damit sie diesen tiefen Schmerz, der immer wieder brennend heiß in ihr aufstieg, vergessen könne.

Onkel und Tante Winter unternahmen jedes Jahr mit ihr eine Ferienreise. Wie viele schöne Plätze hatten sie nun schon gemeinsam aufgesucht. An der Nord- und Ostsee, im Harz, im Schwarzwald und in Österreich waren sie gewesen, und in diesem Jahr war eine Schweizerreise geplant worden. — Wie hatte Henriette all die Schönheit genossen. In stummer Anbetung hatte sie vor den gewaltigen Schneebergen gestanden. Wie groß, wie überwältigend war das! Eigentlich war es schade, daß sie jetzt mittendrin abbrechen mußte. Tatsächlich, sie brachte ein Opfer. Aber nein, sie wollte nicht an sich denken. Da wartete eine Schar Kinder auf sie, mutterlose Kinder, die sich nach Liebe sehnten. Im Geiste sah sie sich umringt von drei, vier Lockenköpfchen. In all den Jahren hatte sie ihren Bruder nur einige Male ganz flüchtig gesehen. Bei einem Familienfest war sie auch mit seiner Frau bekannt geworden und hatte sich sehr zu ihr hingezogen gefühlt. Man war jedoch durch die Verhältnisse immer weiter auseinander gekommen. Die Kinder kannte sie überhaupt nicht. Aber jetzt freute sie sich auf sie.

Endlich schlief Henriette ein.

„Was sagt ihr nun dazu?" Franziska Brenner saß, mit den hängenden Füßen wippend, auf dem Tisch in Herberts Zimmer, während ihre Schwester Ruth sich auf das Bett des Bruders geworfen hatte, nicht im geringsten darauf achtend, daß ihre Schuhsohlen allerlei Abdrücke auf dem Federbett hinterließen. Herbert stand am Fenster und rauchte eine Zigarette. Peterle aber war dabei, sich vor dem Spiegel den Inhalt einer Zahnpastatube auf die Locken zu streichen.

„Was soll man dazu sagen?" erwiderte Herbert gedehnt. „Jemand muß ja schließlich den Haushalt führen, und wenn die Dienstboten nicht aushalten, dann ist's wahrscheinlich das beste, wenn eine Verwandte ins Haus kommt."

„Die soll sich nur nicht einbilden, daß sie hier zu bestimmen hat", sagte Franziska, „ich bin kein kleines Kind mehr und lasse mir nichts von ihr gefallen."

Ruth richtete sich ein wenig auf. „Ich aber auch nicht. Ha, so dumm."

„Wie alt ist sie denn?" interessierte sich Herbert.

Franziska hob geringschätzig die Schultern. „Wer soll das wissen? Aus Papa wird kein Mensch schlau, ich habe schon versucht, ihn auszufragen. Er scheint sie ja kaum zu kennen. Sie wird eine richtige alte Schraube sein. Wenn sie was Gescheites wäre, hätte sie wohl auch einen Mann bekommen. Das ist schon maßgebend."

„Dann sorge du nur, daß du nicht auch einmal eine alte Jungfer wirst", spottete der galante Bruder.

Franziska aber blieb ihm keine Antwort schuldig. „Sei unbesorgt, das ist schließlich meine Angelegenheit, wenn ich auch nicht so frühzeitig auf Brautschau gehe wie du." Ein vielsagender Blick traf den nun doch errötenden Bruder.

„Du, sei nicht anzüglich, sonst könntest du ein wenig plötzlich mein Zimmer verlassen müssen."

In diesem Augenblick hatte Ruth die Tätigkeit des kleinen Bruders entdeckt. Schreiend sprang sie auf. „Der Peter, der Peter!"

Der Kleine stand da und klebte buchstäblich voll Zahnpasta. Herbert blieb gelassen am Fenster stehen.

„Für den Kleinen ist es auf jeden Fall höchste Zeit, daß eine vernünftige Person ins Haus kommt. Der geht direkt hier zugrunde. Du", er wandte sich an Franziska, „kümmerst dich auch kein bißchen um das Kind."

Die Schwester, in ihrer Ehre schwer gekränkt, sprang mit einem Satz vom Tisch herunter und schrie ihn an: „Kümmerst du dich vielleicht um ihn, du blöder Mensch?"

„Ich bin auch kein Mädchen – aber jetzt, mein Fräulein, verschwindest du auf der Stelle." Er trat ihr drohend einen Schritt näher.

Franziska aber setzte ihre hochmütigste Miene auf und verließ das Zimmer. „Grober Flegel!" rief sie ihm über die Schulter zu.

Ruth hatte inzwischen versucht, den kleinen Bruder notdürftig zu reinigen. Der empfand es unbehaglich und begann jammervoll zu schreien. Das wurde dem älteren nun doch zu bunt. Er öffnete die Türe und rief in befehlerischem Ton: „Auguste, holen Sie den Peter!"

Das alte Mädchen war gerade am Backen und kam mit hochrotem Kopf vom Backofen aus der Küche gestürzt. Sie nahm den weinenden, verklebten Kleinen auf den Arm. „Was haben sie wieder mit dir gemacht, du armes Herzchen? Komm, die Auguste macht dich sauber", und behutsam trug sie ihn in die Küche.

Henriette saß im Schnellzug, der sie von der Schweizer Grenze nach Freiburg bringen sollte. Sie war erfüllt von den Gedanken an die neuen Aufgaben, die ihrer warteten. Ganz leicht war ihr der Abschied von den Pflegeeltern nicht geworden. Sie sah den Onkel noch am Bahnhof stehen.

Den Finger warnend erhoben, rief er dem fahrenden Zuge nach: „Daß du nicht länger als zwei, höchstens drei Wochen bleibst."

Und nun ging es dem neuen Bestimmungsort zu. Sie freute sich recht auf die Nichten und Neffen. In Bern hatte sie einige Schokoladenbären gekauft. Kinder waren ja immer Leckermäulchen. Die Kleinen würden sich gewiß darüber freuen. Ob ihr Bruder wohl alle vier mit an die Bahn bringen würde, um die Tante abzuholen? Daß sie eventuell einen nicht ganz geordneten Haushalt antreffen würde, erwartete sie. Wo die Mutter fehlt, da fehlt es eben an allen Ecken. Na, sie wollte sich nicht entmutigen lassen. Henriette Brenner gehörte zu den Menschen, die nicht lange Arbeit suchen müssen, sondern mit offenen Augen, beiden Füßen und dienstwilligen Händen, vor allem aber mit einem liebevollen Herzen im Leben stehen. Und solche Menschen finden ihren Weg.

Freiburg! Tatsächlich, sie war schon da. Sie raffte das Gepäck zusammen — für die kurzen Wochen hatte sie nur das Nötigste mitgenommen — und stieg aus. Suchend blickte sie auf dem Bahnsteig umher, es schien niemand da zu sein, um sie abzuholen. Na, vielleicht an der Sperre. Auch da war niemand. Hatte ihr Bruder das Telegramm nicht erhalten? Ein Weilchen wartete sie noch, dann winkte sie ein Auto herbei und gab dem Chauffeur das Fahrtziel an: „Bitte Güntherstal."

Eigentümlich aber war es ihr doch, daß niemand sie empfing.

Im Hause des Professors war Auguste inzwischen eifrig bemüht, ihrer Küche einen festtäglichen Glanz zu geben. In den letzten Tagen hatte sie noch einmal gründlichen Hausputz gehalten. Nein, sie ließ sich nicht etwa nachsagen, sie habe alles in Dreck und Speck zurückgelassen. Dieses Fräulein Brenner mochte getrost kommen. Sie wollte ihr das

Hauswesen in Ordnung übergeben. Allerdings, daß in den Schränken und Schubladen der Kinder, besonders der beiden Großen, nicht alles einwandfrei war und daß Berge zerrissener Wäsche und Strümpfe sich im Bügelzimmer häuften, dafür konnte sie nicht. Sie hatte sich redlich geplagt, aber in diesem Haushalt, bei solchen Kindern, na, das Fräulein würde ja auch ihre Erfahrungen machen. — Übrigens war sie unbändig stolz auf ihr Werk. Ihr Brief hatte es fertiggebracht, die Schwester des Herrn Professors herbeizurufen. Gestern abend war das Telegramm gekommen. Sie hatte es selbst mit wichtiger Miene dem Herrn gebracht und war beharrlich stehengeblieben, bis er es geöffnet und gelesen hatte. Konnte man wissen, ob es sonst nicht irgendwohin gelegt und vollständig vergessen worden wäre? Man hatte in diesem Hause schon das Unmöglichste erlebt.

Der Hausherr hatte sich sehr verwundert. „Morgen mittag kommt meine Schwester? — Hm, was mag sie hier wollen?" — Da hatte Auguste ihm aber reinen Wein eingeschenkt. Jawohl, sie, die Auguste, die in der Schule nie eine von den hellsten gewesen war, sie war auf diese fabelhafte Idee gekommen, sie hatte einen Brief geschrieben — den ersten nach vielen Jahren. Sie verschwieg ihm allerdings, daß sie den Briefträger heimlich gebeten hatte, ihr vorher die vielen Fehler zu verbessern — und nun kam dieses Fräulein, um den Haushalt zu führen. Jawohl!

Der Professor sah sie prüfend an und schüttelte den Kopf. „Nein, nein, Amanda, was Sie nicht alles fertigbringen."

Auguste aber dachte bei sich: Es nimmt mich nur wunder, ob er auch seine Schwester mit anderen Personen verwechselt. — Schließlich aber war der Herr Professor doch sehr froh, daß er sich nun nicht mehr um die heikle Frage der Dienstbotenumschau kümmern mußte. Er hatte auf diesem Gebiete schon unangenehme Erfahrungen gemacht. Nun kam ja wieder jemand, und das war gut. Zufrieden über diese Lösung vertiefte er sich in sein neuestes Werk. Aber Auguste war noch nicht fertig.

„Ich wollt' nur noch sagen, daß der Herr Professor morgen nicht vergessen darf, an die Bahn zu gehen."

„Natürlich, selbstverständlich."

Aber diese Zusicherung kam schon wieder aus einer derartigen Entfernung, daß die besorgte Auguste sich genötigt fühlte, ihn am folgenden Morgen noch einmal an die Ankunft seiner Schwester zu erinnern. Er versprach hoch und teuer, an die Bahn zu gehen.

Nun stand die treue Haushälterin mit hochrotem Kopf in ihrer blitzsauberen Küche. „So, das wäre getan." Befriedigt blickte sie um sich. „Sie kann kommen."

Plötzlich stutzte sie. Ja, lebt denn so was überhaupt noch? Da läuft doch der Herr Professor noch immer in seinem Zimmer herum, und um diese Zeit muß doch der Zug ankommen. Im Sturmschritt eilte sie durch den Gang, die Treppe hinauf und riß, ohne zu klopfen, die Türe des Studierzimmers auf.

„Ich bitt' Sie, Herr Professor, der Zug läuft doch ein."

Verständnislos sah er sie an. Dann aber erinnerte er sich.

„Ach ja, natürlich, du liebe Zeit, der Zug, meine Schwester — wo ist denn mein Hut, meine Schuhe? — Oder warten Sie, könnte da nicht schnell der Herbert oder Fränzi —?" Er riß die Türe auf und rief ins Treppenhaus: „Hallo, Herbert, Fränzi, einer von euch muß schnell zur Bahn, meine Schwester kommt."

Herbert ging soeben pfeifend die Treppe hinunter. Die Angelegenheit war ihm nicht wichtig genug, stehenzubleiben. „Bedaure, Papa, ich habe eine Verabredung, da mußt du schon Fräulein Fränzi schicken."

Franziska stand gerade im Badezimmer vor dem Spiegel,

wo sie einige neue Haarspangen ausprobierte. Sie hatte die Worte ihres Bruders gehört. Schlagfertig rief sie ihm nach: „Glaubst du, ich werde deine Faulheit stärken? Hole du nur selbst — die — die — das Fräulein ab."

Hätte Professor Brenner ein wenig mehr Fühlung mit seinen Kindern gehabt, so wäre ihm die abweisende, unfreundliche Art Fränzis, über die Tante zu sprechen, nicht entgangen. So aber blickte er fast hilflos die Haushälterin an.

„Ja, wer soll dann gehen?"

Auguste warf der soeben in ihrem Zimmer verschwindenden Franziska einen vielsagenden Blick zu, dessen Bedeutung nicht schwer zu erraten war: „Wärst du meine Tochter, dich würde ich lehren." Dann antwortete sie dem Hausherrn: „Ich würde ja schon gehen, aber ich kenne doch das Fräulein nicht. Wie sieht sie denn aus?"

„Ja, wie sieht sie aus?" Die Augen des Professors verloren sich in der Ferne. Wenn er es nur selbst richtig gewußt hätte, wie seine Schwester aussah. Wie lange war es her, daß er sie zuletzt gesehen? War es nicht bei seiner Hochzeit? Und da er bei diesem unvergeßlichen Ereignis seines Lebens angelangt war, blieben seine Gedanken bei seiner verstorbenen Frau hängen, während Auguste immer noch auf die Beschreibung des Fräuleins, der Schwester, wartete.

Als sie merkte, daß der Herr ihre Frage vollständig vergessen hatte, zuckte sie mitleidig die Achseln.

„Na ja, dann wollen wir's mal lassen, inzwischen wird das Fräulein längst angekommen oder auch schon wieder abgefahren sein."

Ein paar Minuten später rannte Ruth in das Zimmer der älteren Schwester und rief in heller Aufregung: „Fränzi, Fränzi, ein Auto hat eben vor unserem Hause gehalten und eine feine Dame mit einem Koffer ist ausgestiegen. Das ist gewiß die Neue."

Auch Auguste hatte aus ihrem Küchenfenster Fräulein Brenner bemerkt, die mit elastischen Schritten durch den Vorgarten eilte und an der Glocke zog. „Hab' ich's nicht gesagt, da ist sie schon!" Eilig band die gute Alte eine frische Latzschürze um und ging, um die Türe zu öffnen.

Henriette Brenner streckte ihr in herzlicher Weise die Hand entgegen.

„Guten Tag, Auguste, die sind Sie doch wohl? Sie sehen, Ihr Brief hat Erfolg gehabt. Da bin ich!"

Verwundert blickte diese in das frische Gesicht und die lebhaften Augen der jungen Dame und empfand sofort ein herzliches Zutrauen zu der Schwester ihres Herrn.

„Führen Sie mich doch bitte gleich zu meinem Bruder", bat Henriette.

Auguste hatte sich des Koffers bemächtigt und trug ihn in den Hausgang, wo die beiden Kleinen, Ruth und Peter, bereits voller Erwartung und Neugierde die Tante erwarteten. Über Henriettes Gesicht zog ein heller Schein der Freude, als sie die Kinder erblickte. Sie beugte sich herzlich zu ihnen herab, um sie zu umarmen. Der kleine Peter bot ihr zutraulich das Mündchen zum Kuß und fragte sogleich sehr eindringlich: „Du, Frau, hast du mir etwas mitgebracht?" Ruth hingegen setzte ein ziemlich abweisendes Gesicht auf und reichte der Tante nur zögernd die Hand. Henriette aber war voller Zuversicht. „Na, wartet nur, ihr Kleinen, wir werden uns schon noch recht befreunden. Aber ihr habt doch noch zwei Geschwisterchen? Wo sind denn die?"

Krach, knallte im oberen Stockwerk eine Türe zu. Franziska, die lauschend auf der Treppe gestanden hatte, verschwand in ihrem Zimmer.

„Geschwisterchen", wiederholte sie höhnisch lächelnd, „das ist mir schon die Richtige, ich will ihr gleich zeigen — von wegen Geschwisterchen." Sie riß die Türe ihres Kleiderschrankes auf und durchstöberte ihre Garderobe. Nein, der schwarze Rock und die weißseidene Bluse, die sie soeben angezogen hatte, war nicht das richtige Empfangskostüm. Sie mußte mindestens ihr Gesellschaftskleid anziehen. Vor dem Spiegel schlüpfte sie in das hellblaue Seidenkleid, das sie kürzlich von ihrem Vater ertrotzt hatte, mit der Begründung, als nun bald erwachsene junge Dame dringend ein Gesellschaftskleid zu benötigen. Herbert behauptete zwar, sie sähe darin aus, wie ein Hering im Paletot, aber sie kam sich in diesem Kleid ungemein erwachsen vor, und darauf kam es ihr jetzt eben an.

Inzwischen hatte Auguste Fräulein Brenner in das Studierzimmer des Professors geführt. Dieser war beim Eintritt der jungen Dame erschrocken hochgefahren und hatte sie angestarrt, als sähe er eine Erscheinung. Henriette aber war mit ausgestreckter Hand auf ihn zugegangen.

„Ja, so ist es, wenn Geschwister sich jahrelang nicht sehen, dann laufen sie beinahe aneinander vorbei, ohne sich zu kennen. — Grüß dich Gott, Paul."

Jetzt hatte auch der Professor die Sprache wiedergefunden.

„Willkommen, Henni, kleine Schwester, ich finde keine Worte für diese Ähnlichkeit. Du bist die Mutter, ganz die Mutter. So sah sie aus, bevor sie starb. Wie lange ist es doch schon her? — Henni, es ist eine Schande, daß man so wenig voneinander gehört hat in all den Jahren."

Da der Professor nicht daran dachte, ihr einen Stuhl anzubieten, zog Henriette sich selbst einen Sessel heran und setzte sich. Nun fragte sie ihn, ob er von Augustes Brief wisse, wie er sich nun die Zukunft denke und anderes mehr.

Bald hatte sie herausgefunden, daß ihr Bruder keine Ahnung von dem Stand der Dinge seines Hauswesens hatte.

„Ach Henni", stöhnte er, „laß mich zufrieden mit diesen Dingen; wenn du Geld brauchst, wende dich an mich, alles andere mach wie du willst."

Henriette sah, da war vorerst nichts zu machen, sie mußte warten, bis sie sich selbst ein Urteil bilden konnte. Eben wollte sie nach den „Kleinen" fragen, als Auguste zum Mittagessen bat.

Henriette folgte ihrem Bruder in das Eßzimmer. Peter saß bereits am Tisch und holte sich ungeniert aus den Schüsseln verschiedene Kostproben mit den nicht gerade sauberen Händen. Ruth stürmte mit zerzaustem Haar und tintenbespritzter, zerrissener Schürze ins Zimmer. Herbert folgte ihr. Henriette stutzte einen Augenblick und sah fragend ihren Bruder an. Der junge Neffe aber machte eine tiefe Verbeugung und stellte sich selber vor: „Herbert Brenner. Ich nehme an, daß — Sie — die Schwester meines Vaters sind."

Nun lachte Henriette schallend los, so daß alle sie erstaunt ansahen. Kräftig drückte sie Herberts Hand.

„Jawohl, ich bin die Schwester deines Vaters, deine Tante, und darum bitte nicht das steife ‚Sie'. Aber ganz köstlich amüsiert es mich, hier einen so großen Neffen, einen erwachsenen jungen Herrn vorzufinden, wo ich nur mit kleinen Kindern gerechnet habe. Tatsächlich eine Schande, so wenig über die Familienverhältnisse des einzigen Bruders zu wissen."

Die frische, ungezierte Art der Tante machte auf Herbert Eindruck. Mit einem Blick hatte er erfaßt, daß die Schwester seines Vaters keinesfalls eine „alte Jungfer", sondern eine gebildete und intelligente junge Dame war. Na, er würde ja sehen. Zu schnell wollte er allerdings nicht Freundschaft schließen. Abwarten, Zeit lassen. So lenkte er das Gespräch in andere Bahnen. „Ich glaube, die Suppe wird kalt, wir wollen Platz nehmen."

Der Professor hatte sich bereits in die neueste Zeitung vertieft, die neben seinem Teller lag.

Man begann die Mahlzeit, ungeordnet und nach Belieben. Henriette wartete umsonst auf das Tischgebet. So senkte sie still das Haupt, um nach alter, schöner Gewohnheit Gott für die Mahlzeit zu danken.

Ein Platz am Tisch war noch unbesetzt. „Wo ist Fränzi?" fragte Herbert die eben eintretende Auguste.

„Sie war mal wieder nicht fertig", antwortete diese und stellte eine Platte Fleisch auf den Tisch. Gleich darauf öffnete sich die Türe und Franziska im hellblau seidenen Kleid, geschmückt mit einer Bernsteinkette, trat ein, mit ihr eine Wolke aufdringlichen Parfüms.

Henriette blickte erstaunt hoch, Herbert aber prustete lachend los, so daß er sich an dem Löffel Suppe, den er eben zum Mund führte, fast verschluckte. „Du hast wohl einen kompletten Klaps?" fragte er die Schwester höhnisch.

Diese errötete bis unter die Haarwurzeln und würdigte den Bruder weder eines Blickes noch einer Antwort. Mit hochmütigem Kopfneigen wollte sie an der Tante vorbei, um ihren Platz einzunehmen. Jetzt sah der Vater von seiner Zeitung hoch. Franziskas Benehmen fiel sogar ihm auf, und er fragte nicht ohne leisen Vorwurf: „Möchtest du nicht deine Tante begrüßen, Fränzi?"

Das junge Mädchen stand steif an seinem Platz, als erwarte sie, daß die Tante den Anfang mache. In diesem Augenblick sprang Herbert mit nicht verkennbarer Ironie von seinem Stuhle hoch und verbeugte sich tief vor Henriette und seiner Schwester: „Darf ich vorstellen? Komtesse Franziska Veronika Brenner — Fräulein Henriette Brenner, die Tochter unserer von uns leider nicht gekannten, aber nichtsdestoweniger verehrten und geschätzten Großeltern, die Schwester unseres würdigen Vaters und somit unsere Tante."

Er setzte sich wieder. Professor Brenner schüttelte den Kopf. „Ist das öfters so bei dir, Herbert?"

Henriette war merkwürdig berührt durch diese Szene.

Sie fühlte die feindliche Einstellung Franziskas ihr gegenüber und fragte sich nach der Ursache derselben. Aber nein, sie wollte sich dadurch keinesfalls beeinflussen lassen. Gewiß war das Ganze eine Backfischlaune. So stand sie auf und trat zu Franziska, um sie zu begrüßen.

„Das ist allerdings eine große Überraschung für mich, anstelle der kleinen hilfsbedürftigen Neffen und Nichten schon angehende Herren und Damen zu finden."

Sie hatte bei diesen Worten freundschaftlich den Arm um Franziskas Schultern gelegt. Diese aber blieb in steifer, ablehnender Haltung stehen und erwiderte: „Allerdings, so sehr hilfsbedürftig sind wir nicht mehr."

Die Mahlzeit wurde fortgesetzt, aber es war Henriette, als säße ihr etwas im Hals, was ihr das Schlucken erschwerte. Wie seltsam war das alles, wie ungeregelt.

Ihr Bruder hatte sich wieder in die Zeitung vertieft. Herbert, der als einziger die Peinlichkeit des Augenblicks mitfühlte, versuchte ein Gespräch aufrecht zu erhalten, zankte und neckte zwischenhinein seine Schwestern, so daß Ruth zu weinen begann und Franziska, die nun einmal die Dame sein wollte, die Gekränkte spielte. Dabei klingelte sie wiederholt nach der armen, gehetzten Auguste, wünschte die Suppe nachgewärmt zu haben, kritisierte an den Speisen herum und hatte an allem etwas auszusetzen. Peter, der Kleine, aber scharrte in seinem Essen herum und verschmierte und bemalte das Tischtuch rings um seinen Teller und noch weiter hinaus.

Nach dem Essen führte Auguste Fräulein Brenner in das im zweiten Stock gelegene Gaststübchen, wo sie ihre Sachen auspackte, und nachher zeigte sie ihr die anderen Räumlichkeiten des Hauses. Es war nicht zu leugnen, die alte Haushälterin hatte ihr Möglichstes getan, das Hauswesen in Ordnung zu halten, aber das, was andere Dienstboten vor ihr verdorben hatten, konnte sie mit all ihrem Fleiße nicht wieder in Ordnung bringen. — Nach allem hatte Henriette den Eindruck, daß es eben ein Haushalt war, in dem das Wichtigste fehlte, die ordnende Mutterhand. — Mit gemischten Gefühlen saß sie am Abend in ihrem Stübchen und ließ die Erlebnisse des Tages noch einmal an sich vorüberziehen. Wie ganz anders hatte sie sich doch alles vorgestellt. Ihre Blicke glitten hinaus in den sommerwarmen Abend. Das Haus ihres Bruders lag in einem kleinen Garten, der gewiß allerlei Möglichkeiten entfaltet hätte, wenn er besser gepflegt worden wäre. Das wirre Unkraut war Henriette gleich bei ihrem Eintritt aufgefallen. Nun wunderte sie sich, daß ein fast betäubender lieblicher Rosenduft zu ihrem geöffneten Fenster hinaufstieg. Es mußten also zwischen all dem Unkraut doch Rosen zu finden sein. In Interlaken hatte die Wirtin ihrer Pension eine ganz besondere Vorliebe für Rosen. Ihr Garten war gerade jetzt wie ein einziges Rosenbeet anzusehen. In märchenhafter Pracht blühten und dufteten sie in den verschiedensten Farben. Ach ja, Interlaken! Onkel und Tante — wie schön waren die Abende, wo sie gemeinsam ein gutes Buch lasen oder musizierten oder über irgendwelche Themen sprachen. Nanu, war das etwa schon Heimweh? Henriette erhob sich, um sich zu entkleiden. Du liebe Zeit, sie war doch keine Siebzehnjährige, die sich von sentimentalen Stimmungen niederdrücken ließ. Morgen würde die ganze Sache schon anders aussehen. Sie war jetzt auch müde von der Reise und all den neuen Eindrücken. Der Schlaf würde ihr gut tun. Aber sie fand doch nicht so schnell Ruhe. Die Erlebnisse des heutigen Tages beschäftigten sie zu stark. Im Laufe des Nachmittags hatte sie mit Auguste über das Hauswesen gesprochen. Diese hatte ihr erklärt, daß sie nicht gewillt sei, länger zu bleiben und jetzt, da das Fräulein gekommen sei, könne sie mit gutem Gewissen ihre Straße ziehen. Henriette hatte sie gefragt, ob sie denn meine, daß sie jetzt ständig hier bleibe. Da hatte die gute Alte sie groß angesehen. „Ja, wer soll's denn sonst machen, wo Sie doch die Tante von den Kindern sind?"

Henriette fragte sich, ob ihr Bruder wohl derselben Ansicht sei. Sie könnte doch unmöglich die beiden alten Leute in Interlaken einfach im Stiche lassen. Na, jetzt galt es, einmal eine Weile hier nach dem Rechten zu sehen, und dann mußte sie versuchen, einen gewissenhaften Menschen für den Haushalt zu finden. Mit den Kindern, das war eigentümlich. Besonders Franziska, warum war sie so abweisend? Sie hatte am Abend den kleinen Peter zu Bett gebracht. Ruth, die in demselben Zimmer schlief, hatte sich energisch gesträubt, auch schon um sieben Uhr schlafen zu gehen. Sie sei doch kein kleines Kind mehr und habe immer mit den Großen aufbleiben dürfen. Als sie aber sah, daß die Tante dem Brüderlein einen großen Schokoladenbären gereicht hatte, da war sie doch zögernd stehengeblieben und hatte verstohlen ihr Kleidchen über den Kopf gezogen. „Heute kann ich ja schließlich auch einmal früher zu Bett gehen", hatte sie mit einem sehnsüchtigen Seitenblick auf den Bären gesagt. Peterlein wollte die Tante schier totdrücken vor Freude über das Geschenk und konnte es nicht begreifen, daß er ihn nicht mit ins Bett nehmen durfte. Sein Teddybär schlief doch auch jede Nacht bei ihm. Er machte jedoch seinen Zweifeln rasch ein Ende, indem er dem Schokoladenungeheuer schnell den Kopf abbiß. Die Tante wollte mit den Kindern beten. „Wir beten nie", sagte Ruth wichtig. „Ganz früher, wo wir noch klein waren", ihre Augen nahmen einen versonnenen Ausdruck an, „als unsere Mutti noch lebte, da haben wir auch gebetet, aber jetzt sind wir zu groß dazu." Voll Mitleid sah Henriette auf die beiden Kinder. Ein tiefer Schmerz kam über sie, wenn sie daran dachte, was ihr Bruder an seinen Kindern versäumt hatte.

„Man ist nie zu groß zum Beten", sagte sie und beugte sich über den kleinen Neffen, der schon im Bettchen lag. „Eure Mama, die im Himmel ist, freut sich gewiß, wenn ihre Kinder beten, vor allem aber wartet der liebe Gott darauf."
Und sie betete:
> „Breit aus die Flügel beide,
> o Jesu, meine Freude,
> und nimm dein Küchlein ein.
> Will Satan mich verschlingen,
> so laß die Englein singen:
> Dies Kind soll unverletzt sein!"

Peter hatte mit weit geöffneten Augen zugehört.

„Schön! Noch mal", sagte er und zog ein kleines Schmollmündchen, als die Tante ihm erklärte, daß morgen wieder gebetet würde. „O warum erst morgen?" fragte er.

Fürsorglich legte Henriette die Decke um ihn. „So, nun schläft unser Bübchen gut", und sie küßte seine rosigen Lippen. Ruth lag schweigend in ihrem Bett und blickte zur Decke empor, als müsse sie dort oben die Lösung finden für eine Frage, die sie scheinbar sehr bewegte. „Na, Ruthchen, worüber denkst du so angestrengt nach?" fragte die Tante.

Das Kind wurde verlegen.

„Ich — ich —, nein, ich kann's nicht sagen."

In diesem Augenblick steckte Herbert seinen Kopf ins Zimmer. „Gute Nacht, ihr Trabanten!" rief er neckend.

„Herbert, Herbert, guck doch den feinen Schokoladenbär, die da" — Peter zeigte mit seinem Finger auf die Tante — „die da hat ihn mir mitgebracht. Der Kopf ist schon ab, hat gut geschmeckt." — Herbert war mit einem Satz am Bett des Brüderleins.

„So, du ißt den ganzen Bärenbraten allein? Und ich kann wieder einmal zusehen?"

„Frag sie mal", forderte ihn der Kleine auf, der ängstlich erwog, ob er wohl verpflichtet sei, seinen Bären mit dem Bruder zu teilen, „frag sie mal, vielleicht hat sie dir auch einen mitgebracht."

Henriette griff lachend in ihre Ledertasche. „Allerdings habe ich dabei an einen kleinen Neffen gedacht."

Herbert wußte nicht recht, wie sich in diesem Falle zu benehmen. Er konnte sich doch nicht so lächerlich machen, daß er sich wie ein Baby mit Schokolade beschenken ließ. Andererseits wollte er auch nicht unhöflich sein. Aber er fand auch jetzt einen Ausweg. Mit einer Verbeugung nahm er lachend das Mitbringsel entgegen und wandte sich gleich damit an den kleinen Bruder. „Du, Stüpke, wie wäre es, wenn du eine Menagerie eröffnetest? Soll ich dir das schwarze Tier schenken?" Peter jauchzte laut auf vor Vergnügen. „Da hast du ihn, laß ihn dir schmecken."

Ruth konnte eine leise Neidesregung nicht unterdrücken. Aber die Tante sollte nicht denken, daß sie sich um das bißchen Schokolade riß. Erst als sie mit Peter allein war, fragte sie ihn verschämt: „Du, Peterle, läßt du mich morgen auch mal an deinem zweiten Bär lecken?"

„Mal sehen", antwortete der Kleine gönnerhaft. Dabei fielen ihm schon die müden Augen zu.

Ruth konnte aber noch nicht so schnell einschlafen. Als Herbert etwas später noch einmal pfeifend an ihrem Zimmer vorüberging, rief sie ihn herein. „Du, Herbert, glaubst du, daß Fränzi recht hat, daß sie eine alte Jungfer ist?"

Herbert sah die kleine Schwester ziemlich verständnislos an. „Was meinst du denn?"

„Na ja, ob es wohl wahr ist, daß sie so verschroben, daß sie gar nicht nett ist?"

„Ach, du meinst die Tante? Das kann ich jetzt noch nicht beurteilen."

„Es ist nur" — Ruth suchte nach erklärenden Worten.

„Sie hat nämlich mit uns gebetet. Geradeso, wie Mutti es früher getan hat."

„So, sie betet? Geradeso wie Mutter?"

Herbert ging schweigend hinaus. So wie Mutter...

Nachdem Henriette die Kleinen zu Bett gebracht hatte, wollte sie auch noch zu Franziska gehen. Auguste hielt sie noch eine Weile auf. Sie meinte, jetzt, wo das Fräulein da sei, nicht mehr allein berechtigt zu sein, über den Küchenzettel zu entscheiden, und fragte Henriette nach ihrer Meinung. „Übermorgen gehe ich ja doch endgültig, da müssen Sie doch Bescheid wissen", meinte die Alte. Es gab verschiedenes zu besprechen, und so wurde es ziemlich spät, bis Henriette in Franziskas Zimmer kam. Diese lag in einem eleganten Schlafanzug im Bett und las in einem Buch.

„Ich möchte dir gute Nacht sagen." Mit diesen Worten trat Henriette ein. Ein nicht gerade einladender Blick traf sie. Die Tante sah sich in dem Jungmädchenstübchen um. Wenn es auch nicht aufgeräumt und geordnet war, so sah man doch auf den ersten Blick, daß es ein schönes Zimmer hätte sein können. Ein reizender Erker war mit einem Nähtischchen, einigen Korbsesseln und einem geschmackvollen Blumenständer ausgestattet. Allerdings ließen die Pflanzen ihre Blätter und Blüten welk hängen.

„Was für ein schönes Zimmer hast du", begann die Tante.

„Es war Muttis Arbeitszimmer", erwiderte das junge Mädchen, und zum erstenmal sah Henriette einen warmen Schein auf dem sonst so hochmütigen Gesicht Franziskas. „Ich habe es bald nach ihrem Tode beziehen dürfen."

Henriette wollte soeben auf den weichen Ton eingehen, als es ihre Nichte schon zu bereuen schien, daß sie ein klein wenig zugänglicher geworden war. Was Henriette auch für ein Thema anschnitt, sie gab kurze, ja fast schnippische

Antworten. Durch ein lautes, künstlich hervorgerufenes Gähnen bemühte sie sich, der Tante beizubringen, daß sie jetzt ihre Ruhe haben wollte.

Gerne hätte diese gefragt, was es für ein Buch sei, das Franziska bei ihrem Eintritt ins Zimmer sofort unter die Bettdecke versteckt hatte. Aber sie wollte nicht voreilig handeln.

Als sie sich verabschiedete, erinnerte sie sich lachend an den Schokoladenbären, den sie noch in der Tasche hatte. „Wenn ich gewußt hätte, in welchem Alter du bist, Fränzi, hätte ich dir bestimmt etwas anderes mitgebracht. Nun mußt du aber schon mit diesem süßen Gruß vorlieb nehmen. Du ißt sicher auch gern Schokolade. Ich stelle dir den Bären hier auf deine Kommode, ja?"

Franziska wandte nicht einmal den Kopf danach. „Vielen Dank — bemühen Sie — bemühe dich nicht — ich mache mir nichts aus solchen Sachen!"

Das wurde in einer derartig hochmütigen, herausfordernden Weise gesagt, daß es Henriette war, als gäbe ihr jemand einen Stoß. Sie blieb aber ruhig und fragte beim Hinausgehen freundlich, ob sie das Licht löschen solle.

„Nein, ich mache das selbst", war die Antwort.

Und nun lag Henriette in dem ungelüfteten Fremdenzimmer, und obgleich sie beide Fensterflügel weit geöffnet hatte, war es ihr, als ob die Luft in dem kleinen Raume sich beengend auf sie legte. Oder war es etwas anderes? Ihre Gedanken wogten hin und her. Endlich fand sie Ruhe im Gebet. „Hilf mir, Herr, in diesem Hause meine Aufgaben zu erkennen und zu erfüllen. Ich selbst habe mir diesen Weg nicht gewählt, darum darf ich annehmen, daß du mich so geführt hast. Laß mich verstehen, was du hier von mir verlangst und gib, daß ich mich in allem bewähre als dein Kind!"

So betete Henriette Brenner und fand das Gleichgewicht

ihrer Seele wieder in dem Vertrauen, das sie Gott entgegenbrachte, und in der Gewißheit, den gottgewiesenen Weg der Pflicht gegangen zu sein.

Am nächsten Morgen war ihr Plan fertig. Sie mußte vor allen Dingen Auguste überreden, mindestens noch zwei Wochen zu bleiben. Das alte Mädchen hatte das Herz auf dem rechten Fleck und konnte ihr sicher manchen wertvollen Dienst erweisen.

„Gut, Fräulein, noch zwei Wochen, aber nur weil Sie jetzt da sind. Ich bliebe sonst wahrhaftig keinen Tag länger in diesem Hause." Dabei warf sie Henriette einen vielsagenden Blick zu.

„Ich will gewiß nichts sagen, 's ist Ihre Verwandtschaft, und es tät sich nicht gehören — aber das Fräulein wird schon selber ihre blauen Wunder erleben."

Henriette Brenner ging nun an die Arbeit. Vom Boden bis zum Keller besichtigte sie das ganze Haus. Die treue Dienstmagd ging händeringend mit ihr.

„Fräulein — es ist eine Schand — es ist eine Schand — aber glauben Sie mir, ich hab's einfach nicht schaffen können. Jeden Morgen bin ich um fünf Uhr aufgestanden und hab' getan, was ich konnte, aber in diesem Hause könnte jeder einen Bedienten für sich gebrauchen. Meine Beine wollten mich oft nimmer tragen, so wurde man herumkutschiert. — Auguste, holen Sie dies — Auguste, holen Sie das. — Und ich bin eben auch nimmer eine von den Jüngsten."

„Ich weiß es", antwortete Henriette, „Sie haben getan, was Sie konnten, aber was zuviel ist, das ist eben zuviel."

Dankbar blickte Auguste sie an. Man hatte hier noch nie ein anerkennendes Wort für ihre Leistungen gehabt, und schließlich tut das einem jeden einmal gut, selbst einer alten Haushälterin.

Die beiden machten sich nun gemeinsam ans Werk. In

den Bodenkammern und Kellerräumen standen Kisten und Kasten, ausrangierte Möbel und andere unbrauchbare Dinge kunterbunt durcheinander. Henriette schlüpfte in eine große Ärmelschürze. — „Nein, daß Sie so angreifen können, hätte ich nicht gedacht", sagte Auguste bewundernd. „Allerdings, das sieht schon anders aus."

In ein paar Tagen waren die Keller- und Bodenräume in Ordnung. Nun ging es an eine Generalsäuberung in den Schränken und Schubladen. Jeder noch so abseits gelegene Winkel mußte daran glauben. Peterle machte mit Begeisterung mit. Tante Henriette hatte ihm eine große Schürze umgebunden, und er entfaltete einen Eifer, der geradezu ansteckend wirkte.

„Machen wir das jetzt jeden Tag?" fragte er. „Au, ja, Tante Henni, so was ist fein. Ich werd' mal später Aufräumer." Peterle hatte sich mit herzlicher Liebe an die Tante angeschlossen. Der arme Kerl hatte ja nie Mutterliebe kennengelernt. Sein unschuldiges kleines Herz blieb unberührt von allem Vorurteil und Mißtrauen, daß die größeren Geschwister, besonders aber die Schwestern der Tante entgegenbrachten. Er spürte Liebe und liebte wieder.

Henriette Brenner erkannte von Tag zu Tag mehr, wie verwahrlost das ganze Hauswesen ihres Bruders war, und ihr Herz wurde traurig darüber. Nicht in erster Linie machten ihr die äußeren Mißstände zu schaffen, sondern viel mehr der Geist, die ganze Atmosphäre des Hauses. Jedes der Familienglieder lebte sein Einzelleben, tat, was es wollte und kümmerte sich keinesfalls um etwa bestehende Hausordnungen. Nur mit Mühe brachte man die Familie bei den Mahlzeiten zusammen.

Im Hause des Pfarrers Winter waren die gemeinsamen Mahlzeiten die schönsten Stunden gewesen, gewürzt durch anregende Unterhaltung. Hier waren sie beinahe qualvoll. Der Professor ließ sich sehr oft das Essen auf sein Zimmer bringen, und wenn er an den Mahlzeiten teilnahm, so las er während des Essens in einem Buch oder hing weiter seinen Gedankengängen nach. — Die beiden größeren Kinder kamen sehr unregelmäßig zu Tisch und äußerten ungeniert bei jeder Mahlzeit ihre besonderen Wünsche. Die Kleinen machten es ihnen bald nach. Beide waren so wenig erzogen, daß es eine Qual war, ihnen beim Essen zuzusehen.

Henriette sagte sich schon in den ersten Tagen, daß hier eine entschiedene Änderung eintreten müsse. Auf Auguste konnte sie rechnen, aber diese wurde von den Kindern nur geringschätzig als Dienstbote betrachtet. In der Familie selbst mußte eine Veränderung eintreten. Wenn nur Franziska zugänglicher gewesen wäre! Sie hätte der Tante schon eine große Hilfe sein können. Aber es schien ihr beinahe, als würde das Benehmen des jungen Mädchens von Tag zu Tag ablehnender. Woran lag das nur? Henriette war nach wie vor gleichmäßig freundlich zu ihr, obwohl die Art der Nichte sie manchmal unsagbar ärgerte. Schlug sie wohl den rechten Weg ein? Vielleicht gelang es ihr, Franziska bei ihrem Ehrgefühl zu fassen.

„Fränzi, kannst du ein wenig zurückbleiben, ich möchte etwas mit dir besprechen." Man hatte soeben das Abendessen beendet und Auguste trug gerade des Geschirr hinaus.

„Ich habe nicht viel Zeit", erwiderte das junge Mädchen und blieb in ablehnender Haltung an der Türe stehen. „Ich habe versprochen, heute abend noch meine Freundin zu besuchen."

„Jetzt noch, Fränzi? Sieht es dein Vater gerne, daß du so spät noch ausgehst?"

„So spät? — Erstens kümmert er sich nie darum, was wir machen, und zweitens", Franziskas Stimme nahm einen gereizten Ton an, „bin ich ja schließlich kein kleines Kind mehr und weiß, was ich zu tun habe."

Henriette spürte den Stachel, der ihr galt, aber sie blieb ruhig. „Ja, eben weil du kein kleines Kind mehr bist, möchte ich einiges mit dir besprechen. Komm, setze dich doch ein wenig zu mir her."

„Ich habe doch schon gesagt, daß ich keine Zeit habe", brummte Franziska, setzte sich aber doch auf die Ecke eines Stuhles. Sie ärgerte sich im geheimen wer weiß wie sehr, daß diese Tante immer ihre Ruhe bewahrte und durchsetzte, was sie wollte. Sie würde sich aber nicht fangen lassen.

Hätte Henriette auf das mürrische und unfreundliche Gesicht ihrer Nichte reagiert, die Lust wäre ihr vergangen, auch nur ein weiteres Wort zu verlieren. Aber sie übersah es absichtlich.

„Ich weiß nicht, ob dir bekannt ist", begann Henriette, „daß Auguste nächste Woche das Haus verläßt."

„Gewiß weiß ich das. Wir brauchen sie ja auch nicht mehr."

„Wie meinst du das, Fränzi?"

„Na, du bist ja jetzt dafür da."

Henriette verstand diesen Ton und Blick. „Eine Erzieherin muß sich vor allen Dingen selbst beherrschen können." Sie lächelte. Daß ihr das Wort ihrer alten Seminarvorsteherin gerade jetzt einfallen mußte.

„Gut, Fränzi, wenn ich nun vorerst euren Haushalt übernehme, wäre es mir eine große Erleichterung, mit der Tochter des Hauses all die wichtigen und dringenden Fragen des Haushaltes zu besprechen. Du weißt, deinem Vater dürfen wir so wenig wie nur möglich damit kommen. Herbert ist ein Junge und hat weniger Interesse daran und die Kleinen kommen noch nicht in Frage. Allerdings wäre ich dir dankbar, wenn du mir helfen würdest, ihnen ein nettes Benehmen beizubringen. Sie sind ja auch nicht schwer zu leiten. Ich denke es mir sehr schön, wenn wir beide recht zusammenhalten und du mir die Verantwortung für den Haushalt ein wenig tragen hilfst."

Franziska hatte schon einige Male versucht, die Tante zu unterbrechen, die aber hatte sich nicht von ihrem Gedankengang ablenken lassen. Jetzt aber wollte auch sie ihre Meinung sagen. Sie warf einen Blick auf ihre zierliche Armbanduhr und erhob sich von ihrem Stuhl. Die Tante sollte nur gleich wissen, daß sie auf keine weiteren Erörterungen eingehen würde. „Da werde ich dich leider enttäuschen müssen, Tante; erstens habe ich wenig Zeit — in der Schule werden gewaltige Anforderungen gestellt — und dann habe ich auch nicht das geringste Interesse an Haushaltungsfragen." Mit erhobenem Haupte wollte sie an der Tante vorüber und zur Türe hinausgehen.

Nun aber schien es Henriette auch angebracht, einen anderen Ton anzuschlagen. Nur mit Mühe beherrschte sie sich, aber sie blieb doch ruhig, als sie ihrer Nichte antwortete: „Es tut mir leid, ich hatte mir ein solches Zusammenarbeiten ideal vorgestellt. Es ist mir klar, daß du nicht allzuviel Zeit hast, die Schule geht ja auch vor, aber du wirst dich in deiner Freizeit schon um deine zerrissenen Strümpfe und Wäsche kümmern müssen. Dafür bleibt mir bei der vielen Arbeit nicht Zeit. Dann darf ich dich wohl bitten, in Zukunft deine Schubladen selbst in Ordnung zu halten, ich habe sie dir heute noch einmal aufgeräumt."

„Du warst an meinen Schubladen?" unterbrach Franziska die Tante erschrocken. Im Gedanken an die Unordnung, die darin geherrscht hatte, wurde sie nun doch verlegen.

„Ja", fuhr die Tante fort, „und dann wirst du dir von jetzt an auch deine Schuhe selbst putzen. Ich finde, daß der alten Auguste unbedingt zuviel aufgebürdet worden ist."

„Das habe ich nie tun müssen!" Franziska war nicht mehr verlegen, sondern im höchsten Grade empört. Was fiel dieser hergelaufenen Person denn ein, so über sie zu bestimmen? Sie dachte ja gar nicht daran, sich so bevormunden zu lassen. „Ich weiß nicht, ob es in meines Vaters Sinne ist, daß die Hausordnung einfach umgeworfen wird."

„Die Hausordnung?" fragte Henriette verwundert. „Es ist sein Wunsch, daß wie zu deiner Mutter Lebzeiten wieder Ordnung ins Haus kommt."

Hatte Henriette gemeint, durch die Erinnerung an ihre Mutter Franziska umzustimmen, so hatte sie sich getäuscht.

„Ich denke auf jeden Fall nicht daran, mir meine Schuhe selbst zu putzen!" rief sie aus und stampfte mit dem Fuß.

„Dann wirst du wohl mit ungeputzten Schuhen zur Schule gehen müssen." Ganz ruhig erwiderte es die Tante.

Nun war es mit Franziskas Selbstbeherrschung vorbei. „Das werden wir ja sehen!" rief sie und warf die Türe hinter sich zu. Zornestränen rannen ihr über das Gesicht, als sie in Herberts Zimmer stürmte.

„Nanu, was ist denn los?" fragte dieser erstaunt.

„Das ist die Höhe", schluchzte die schwer gekränkte Schwester. „Eine unverschämte Person ist sie."

„Wer denn?"

„Na wer denn anders als die Tante." Und nun ging es über diese her. „Meine Schubladen hat sie durchgewühlt und alles durchgestöbert."

„Was?"

„Jawohl, und sie verlangt von mir, daß ich ihr im Haushalt helfe."

„Na, das würde dir als künftige Hausfrau gar nicht schaden."

„So? Soll ich vielleicht waschen und scheuern wie eine Putzfrau? Und die Schuhe soll ich mir von jetzt an selber putzen? Und die Strümpfe stopfen und Wäsche flicken."

„Na ja..."

„Und dich hat sie einen dummen Jungen genannt."

„Was hat sie?" Herbert sprang mit einem Satz hoch.

„Was hat sie? Sag das noch einmal. Auf der Stelle gehe ich zu ihr und verlange Rechenschaft. Du sagst, sie habe gesagt, ich sei ein dummer Junge?"

„Na, ob sie dumm gesagt hat, weiß ich nicht genau, aber Junge bestimmt."

„Ach, du dumme Gans, sie wird junger Mann gesagt haben. Du weißt scheinbar selber nicht mehr, was du sagst."

„So, nun hackst du auch noch auf mich los? Das ist ja allerhand. Ich gehe jetzt zu Eleonore. Der werde ich aber sagen, was wir neuerdings für Zustände haben in unserem Haus." — —

Henriette hatte die beiden Kleinen zu Bett gebracht und saß jetzt im Bügelzimmer und besserte Wäsche aus. Mit Ruth hatte sie auch wieder einen Auftritt gehabt. Jeden Abend bestand das Kind darauf, wer weiß wie lange aufzubleiben. Dabei war sie so zart und nervös und bedurfte nichts nötiger als der Ruhe.

„Du hast nicht über uns zu bestimmen, Fränzi hat es gesagt", hatte sie soeben wütend ausgerufen, während auch über ihr Gesicht Zornesträne gelaufen waren.

Nun saß Henriette hier, und während sie versuchte, ein großes Loch in einem Wäschestück zu stopfen, dachte sie daran, daß es einfach sei, derartige Schäden auszubessern; die Lücke aber, die in eine Familie durch den Tod der Mutter gerissen wird, ist nicht so schnell geschlossen. — Sie war ganz verzagt. Heute war ein Brief von Pfarrer Winter gekommen, in dem er sie fragte, wann sie denn eigentlich gedächte, zurückzukommen. — Guter Onkel, ich bin ja erst acht Tage hier — Auguste geht nächste Woche, und ich sehe keine Möglichkeit vorerst, von hier loszukommen. — Sie konnte einen schweren Seufzer nicht unterdrücken. — In diesem Augenblick trat Auguste ein.

„Ja, ja, Fräulein, bei dem Berg Wäsche kann man schon

das Seufzen kriegen. — Aber ich wollte Sie was fragen. — Ist's Ihnen recht, Fräulein — wenn ich noch ein paar Wochen länger bleibe? — Ich meine..."

Henriette blickte erstaunt hoch. „Auguste, Sie wollen..."

„Ja, Fräulein — ich will!"

Da streckte sie der Alten in herzlicher Weise die Hand entgegen. „Auguste, Sie haben ein gutes Herz!"

Henriette Brenner versuchte in ihrem neuen Wirkungskreis Ordnung zu schaffen. Es war ihr klar, daß sie da nur Schritt für Schritt vorwärts gehen konnte. Allerdings schien es ihr, als sei sie in einen mit Unkraut überwucherten Garten hineingestellt. Hier galt es vorsichtig und weise zu handeln, damit nicht mit dem Unkraut auch die wenigen Edelpflanzen ausgerottet und verdorben würden. Ein unvorsichtiges Drauflosgehen würde mehr schaden als nützen.

Sie war etwa drei Tage im Hause des Bruders gewesen, da hatte Peter aus dem Garten heraufgerufen: „Tante Henni, sieh nur, was ich gefunden habe!" In seinen Händen hielt er eine verklebte Schokoladenmasse hoch. Dann hatte es sich herausgestellt, daß es ein Schokoladenbär war. Es konnte nicht anders sein, als daß Franziska ihn zum Fenster hinausgeworfen hatte. Der Kleine zog ein Schmollmündchen, weil es ihm nicht erlaubt wurde, ihn zu essen. Er erzählte in kindlicher Weise von seinem Kummer. „Er ist noch ganz gut gewesen", klagte der kleine Mann, „nur ein bißchen klebrig, den Dreck hätte man gut wegwischen können, aber Tante Henni hat es nicht erlaubt."

Henriette schwieg dazu. Herbert ahnte die Zusammenhänge und blickte seine Schwester fragend an. Diese errötete wohl ein wenig und zog dann die Schultern hoch, als ginge sie die ganze Sache nichts an. Henriette aber dachte noch eine Weile über diese an sich unscheinbare Angelegenheit nach.

Die Schokolade, das war das wenigste, aber war nicht die ganze Handlungsweise ein charakteristisches Zeichen für Franziskas Stellung ihr gegenüber? Alles, was sie bisher versucht hatte zu tun, hatte die Nichte von sich gewiesen, sie hatte bewußt Widerstand geleistet. Sie machte keinen Hehl aus ihrer Abneigung und schien sich je länger desto mehr mit einem Panzer von Widerspruchsgeist und Ablehnung zu umgeben. —

Im Hauswesen selbst war schon eine merkliche Wandlung vor sich gegangen. Henriettes ordnende Hand war überall zu spüren. Auguste atmete befreit auf. Das war doch ein anderes Leben. Das Fräulein duldete es keinesfalls, daß die Kinder in häßlicher Art die pflichtgetreue Magd herumkommandierten. „Unsereins ist doch auch ein Mensch", seufzte sie dann wohl in Gedanken an die Zeit, bevor die Schwester ihres Herrn im Hause gewesen war. In rührender Treue hing sie an Henriette und arbeitete, wenn möglich noch gewissenhafter und fleißiger als vorher.

„Na Altchen", sagte Herbert eines Tages und klopfte ihr in wohlwollender Herablassung auf die Schulter, „ich muß Ihnen schon meine Anerkennung aussprechen. Meine Wäsche ist neuerdings in tadelloser Ordnung und meine Krawatten immer an Ort und Stelle. Das ewige Herumsuchen hat aufgehört. Alle Achtung!"

„Da müssen Sie sich schon bei der Fräulein Tante bedanken", lächelte Auguste, „die sorgt für Ordnung."

„Was, die Tante räumt in meinem Zimmer auf?" Der junge Mann bekam einen roten Kopf, sprang rasch noch einmal zurück und stellte seine Hausschuhe, die er soeben von den Füßen gestreift und in eine Ecke geworfen hatte, fein säuberlich nebeneinander unter das Bett. „Unangenehme Sache", sagte er vor sich hin, während er die Treppe hinunterging und daran dachte, in welchem unbeschreiblichen Zustand er des Morgens sein Zimmer zurückließ, wenn er im letzten Augenblick zur Schule rannte. Wie Kraut und Rüben lag alles durcheinander. Er hatte doch nicht etwa den Brief liegenlassen von... Er faßte in die Seitentasche und atmete erleichtert auf, ein Glück, der Brief war da — im Grunde genommen ging es die Tante ja nichts an, aber er hätte es doch nicht gewünscht, daß dieser zartrosa, parfümduftende Briefbogen in die Hände der Tante gekommen wäre. — Es war doch merkwürdig mit dieser Tante, es lag etwas in ihren Augen, man hatte den Eindruck, daß sie tiefer blickten als die Augen anderer Menschen, daß sie Geheimnisse ergründeten, daß sie in verborgene Winkel drangen. Es war seltsam, man konnte vor ihr erröten wie ein albernes Kind. — Andererseits aber war sie auch ein angenehmer Mensch, mit dem man sich großartig über allerlei Dinge und Zeitfragen unterhalten konnte. Und dann war es fabelhaft, daß sie immer Zeit hatte, trotz der vielen Arbeit, sie nahm sich einfach die Zeit, zuzuhören und teilzunehmen an dem, was einen gerade im Augenblick beschäftigte. Seit Jahren war man das nicht mehr gewöhnt gewesen, ja, man wußte genau die Zeit anzugeben, seit Mutters Tod hatte eigentlich keiner im Hause für den andern Zeit gehabt, jeder hatte immer gerade genug mit sich selbst zu tun. Und man hatte das vermißt, mehr als man selbst wußte. Der Vater, mit dem war es immer dasselbe. Auch er hatte für seine Kinder keine Zeit. Seine wissenschaftlichen Probleme gingen ihm über alles. Sie waren gleichsam seine Kinder, die er hegte und pflegte. Aber nun war ja seine Schwester da, und die hatte Zeit. Tatsächlich, man hatte schon wiederholt des Abends gemütlich beisammen gesessen, über dies und das gesprochen — und man hatte so etwas wie Heimat gefühlt. Seit Mutters Tod war ein solches harmonisches Zusammenfinden nicht mehr zustande gekommen.

Ja, das war auch eine Eigenschaft der Tante, Gemütlichkeit zu schaffen. Es war eigentümlich, welche sichtliche Umstellung diese Tante in den kurzen Wochen ihres Hierseins schon zustande gebracht hatte. Herbert Brenner konnte nicht anders als Hochachtung für sie empfinden. Ihm konnte es nur recht sein, wenn sie im Hause blieb.

Nicht alle waren gleicher Meinung im Hause des Professors Brenner. Franziska saß bei ihrer Freundin Eleonore, der einzigen Tochter des Bankdirektors Klinghammer. Das Mädchen hatte Tee bringen müssen. Frau Klinghammer lehnte in einem tiefen Sessel und reichte den beiden jungen Mädchen Konfekt, während Eleonore sich eine Zigarette anzündete. Sie bot auch der Freundin die silberne Dose: „Fränzi, greif zu!"

Franziska blies den Rauch lässig in die Luft. „Das müßte Tante Henni wieder sehen."

„Euer gegenseitiges Verhältnis scheint sich noch nicht gebessert zu haben", bemerkte Frau Klinghammer. „Gebessert?" wiederholte Franziska gedehnt. „Das wird nie im Leben anders. Sie machen sich kein Bild, wie unausstehlich sie ist. Manchmal ist es beinahe unerträglich für mich. Allein ihre Ansicht ist maßgebend und niemand anders kommt dagegen auf. Glauben Sie vielleicht, ich dürfte es wagen, in ihrer Gegenwart eine Zigarette zu rauchen?"

„Ja, läßt du dir das denn von ihr verbieten?" fragte Eleonore erstaunt. „Verbieten? Nein, sie verbietet es nicht direkt, aber sie hat eine ganz eigentümliche Art. Sie bleibt immer ruhig, und gerade diese unheimliche Ruhe macht mich rasend."

Franziska richtete sich aus ihrer lässigen Haltung auf und versuchte in übertriebener Art die Tante nachzuahmen.

„Fränzi, wie schade, daß du dir das Rauchen angewöhnt hast, erstens bist du noch reichlich jung, außerdem ist es sehr ungesund und meiner Ansicht nach eine häßliche, unfeine Angewohnheit für eine Frau oder ein Mädchen."

„Hör bloß auf", rief Eleonore und hielt sich lachend die Ohren zu. „Man meint, die reinste Waisenhausvorsteherin vor sich zu sehen."

Auch Frau Klinghammer, deren Lebensauffassung in keiner Weise mit der von Henriette Brenner übereinstimmte, schüttelte verwundert den Kopf. „Ich finde, du bist jetzt aus den Kinderschuhen heraus. Gewiß, ich sehe es auch nicht gern, wenn Eleonore übermäßig raucht, aber schließlich ist sie mit ihren sechzehn Jahren kein kleines Kind mehr, und wenn sie Maß und Ziel innehält, dann schadet eine Zigarette nichts. — Du liebe Zeit, das sind eben Ansichten. Deine Tante darf schließlich nicht denken, daß ihre Meinung die einzig richtige sei. Außerdem darf sie nicht vergessen, daß du in den Jahren, da fremde Menschen euren Haushalt führten, zu einer Selbständigkeit gekommen bist, die andern jungen Mädchen deines Alters fremd ist."

Das war Musik für Franziskas Ohren. Hier fand sie Verständnis. Erregt warf sie die halbgerauchte Zigarette in den Aschenbecher. „Das ist es ja gerade, Frau Klinghammer, sie behandelt mich wie ein kleines Kind. Ich erzählte Ihnen bereits, daß sie von mir verlangte, ich sollte meine Schuhe selber putzen, meine Wäsche selber in Ordnung halten und die Schubladen aufräumen. Es fehlt nur noch, daß sie mich morgens um vier Uhr bis zum Schulbeginn in die Waschküche schickt, diese unverschämte Person."

Es schien niemand aufzufallen, daß sie in höchst respektswidrigem Tone von der Schwester ihres Vaters sprach, im Gegenteil, man hatte Verständnis dafür.

„Ich würde mich keineswegs durch diese Bestimmungen stören lassen", erklärte Eleonore schnippisch und brannte die zweite Zigarette an.

„Du hast gut reden." Franziska sah jetzt wirklich einer Märtyrerin ähnlich. „Ich habe es versucht — habe meine

Schuhe nicht geputzt, mein Bett nicht gemacht, mein Zimmer nicht aufgeräumt — aber als ich aus der Schule kam, fand ich alles genau so vor, wie ich es verlassen hatte. Ich rief Auguste und sagte ihr meine Meinung. ‚Ich habe nach der Anweisung deiner Tante gehandelt', war die kaltblütige Antwort. Ich meinte aus der Haut fahren zu müssen und rannte zu Papa. Es dauerte wie immer eine Weile, bis er erfaßt hatte, was ich eigentlich wollte, und dann — mich packte geradezu die Wut — sagte er: ‚Fränzi, ich habe meiner Schwester vollständige Vollmacht gegeben, und schließlich muß ein Mädchen ja seine Schubladen selbst aufräumen können. Ich glaube, deine Mutter hätte es auch von dir erwartet.' Ich aber schlug die Türe hinter mir zu und legte mich an diesem Abend in ein ungemachtes Bett. Also, wenn ich nicht mit ungeputzten Schuhen loslaufen will, muß ich sie mir selbst wichsen." Zornestränen standen in den Augen des jungen Mädchens.

„Aber das ist sicher — eher falle ich tot um, als daß ich mich von ihrer Art beeinflussen lasse. — Und wenn es mir zu bunt wird..." Franziska sprach die Drohung nicht aus, aber ihre Hände waren in Erregung verkrampft. „O diese, diese Person — ich hasse sie! Warum hat Papa sie ins Haus genommen? Mit den fremden Dienstboten war es tausendmal besser. Und dann diese fromme Art — es vergeht kein Sonntag, wo sie nicht fragt: ‚Fränzi, möchtest du heute nicht mit zur Kirche gehen?' — Sogar das Tischgebet hat sie eingeführt. Ich sehe noch heute Papas verlegenes Gesicht, als sie in ihrer mir verhaßten liebenswürdigen Weise fragte: ‚Paul, du gestattest doch, daß ich mit den Kindern vor dem Essen bete, wie wir es in unserem Elternhaus gewohnt waren?' Und er war nicht imstande, sich durchzusetzen. Aber ich habe wohl gesehen, wie verlegen er wurde. ‚Natürlich — tue nur, was du für recht hältst', antwortete er. — Ich bin doch wahrhaftig auch kein Heide, aber ich hasse es, wenn einer seine Religion immer vor sich herträgt." Franziska kam sich nach dieser Rede ungemein reif und wissend vor.

Frau Klinghammer bestärkte sie auch noch in ihrer verkehrten Art. „Man sollte es nicht für möglich halten, daß es in unserer heutigen Zeit noch gebildete Menschen gibt, die es versuchen, das Innere ihres Nächsten zu vergewaltigen. Sie kann euch doch nicht einfach ihre Meinung aufdrängen. Sie wird genau das Gegenteil erreichen."

„Jawohl, das wird sie." Franziska nahm sich vor, dieses Gegenteil herbeizuführen. Nein, sie ließ ihr Innerstes nicht vergewaltigen.

„Wie stellt sich denn Herbert dazu?" fragte Eleonore, die seit einiger Zeit auffälliges Interesse an dem Bruder ihrer Freundin zeigte.

„Herbert? Ach, der weiß nicht, was er will. Manchmal hat er direkt lächerliche Anwandlungen. Dann sitzt er des Abends mit ihr im Wohnzimmer – sie sprechen über Bücher, oder spielen vierhändig Klavier –, ich würde mich zu Tode langweilen. Im übrigen tut er nach wie vor, was er will. Wir sollten ganz anders gegen sie zusammenhalten, dann würde sie nicht so auftreten in unserem Hause."

So und ähnlich ging die Unterhaltung noch eine ganze Weile fort. Henriette ahnte wohl kaum, daß sie im Hause Klinghammer in diesem Augenblick der Mittelpunkt des Gespräches war.

Das Peterlein hatte vom Fenster aus den Briefträger entdeckt und war ihm entgegengesprungen. Der Postbote war seit langem sein guter Freund. Es war eine Eigenschaft seiner großen Ledertasche, daß man nicht nur Briefe daraus entnahm, sondern bei so kleinen Kunden wie Peter Brenner kam hin und wieder eine Tafel Schokolade oder sonst etwas Süßes zum Vorschein. Kein Wunder, daß er mindestens ebenso sehnsüchtig nach der Post ausschaute, wie manch ein Großer.

Außer der Leckerei hatte der Mann in der blauen Uniform dem Kleinen einige Broschüren für den Herrn Professor und einen Brief für Fräulein Brenner überreicht. Henriette stand gerade in der Küche und half Auguste bei den Vorbereitungen für das Mittagessen. Sie trug ein hellblaues Kleid, das ihr gut stand, aber heute lag ein müder Ausdruck auf ihrem Gesicht. Soeben hatte die alte Haushälterin eine ihrer Reden beendet.

„Es geht mich ja eigentlich nichts an", hatte sie gesagt, und dabei mit einem mütterlich besorgten Blick das Fräulein angesehen. „Schon tagelang tun Sie nicht mehr richtig essen, und mit 'm Schlafen wird's auch nicht anders sein — ich möcht' mal eine Nacht Mäuschen spielen und aufpassen, wie lang das Fräulein sich im Bett hin und her wälzt, ohne auch nur ein Auge voll Schlaf zu nehmen. Ganz blaß und elend sehen Sie aus. Wie soll denn das enden? Ich weiß schon, wenn das Fräulein krank wird, dann muß sie wieder abreisen, und weiß der liebe Himmel, wie die Sache hier weitergeht. Eins ist sicher, keine Stunde bleib' ich dann hier im Haus. Ich meine fast, das Fräulein tut sich wegen was grämen. Aber ich bitt Sie, deswegen muß man doch essen und schlafen."

Sie hätte noch lange so weitergemacht, aber Henriette unterbrach sie. „Es ist nicht der Rede wert, Auguste, ja, ich gebe zu, ich fühle mich ein wenig matt, aber das geht vorüber."

Indessen war Peter hereingetrippelt mit dem Brief für die Tante. Er war von Frau Pfarrer Winter. In Henriettes Augen leuchtete es auf. Der Brief kam zur rechten Zeit. Auguste hatte recht — sie fühlte sich in den letzten Tagen des öfteren elend. Aber sie kannte ja die Ursache. Es war nicht irgendein körperliches Versagen, der Grund saß tiefer. Seelische Erregungen nahmen sie nun einmal so stark mit, daß sie sogar körperlich darunter litt. In ihrem kleinen Stübchen setzte sie sich an das offene Fenster. Ein herbstlich herber Duft strömte aus den umliegenden Gärten und Anlagen herein. Nicht mehr lange, und die Bäume und Sträucher würden kahl und ihres Schmuckes beraubt dastehen. Wie schnell die Zeit verging! Henriette stützte den Kopf in die Hand und seufzte. Sie war nun schon vier Monate im Hause ihres Bruders, aber sie hatte das Gefühl, daß sie noch gar nichts erreicht hatte. Sie war bestimmt nicht pessimistisch veranlagt, aber es schien ihr tatsächlich, als ob es eher rückwärts als vorwärts ginge. Besonders die Stellung Franziska gegenüber schien ihr mit jedem Tage schwieriger zu werden. Sie litt darunter. Jede noch so kleine Verstimmung legte sich wie eine Last auf ihr Herz. Woran lag es nur, daß sie hier immer wieder auf Widerstand stieß? ... Ach der Brief! Energisch richtete sie sich auf. Was fing sie neuerdings für Sachen an? Am hellichten Tage dasitzen und grübeln? Nein, Henriette Brenner, das taugt nicht, und davon wird auch nichts besser. Sie öffnete den Briefumschlag. Als sie die festen, ruhigen Schriftzüge der Tante sah, war es ihr wie ein Gruß aus der Heimat. Die Tante schrieb:

Stollberg, den 27. 10. 19..
Meine liebe Henni!

Nun sind wir wieder ganz zu Hause in unserem heimatlichen trauten Nest. Wir sprechen noch oft von unserem schönen Schweizer Aufenthalt, und Onkel hat manchmal Sehnsucht nach den herrlichen Wanderungen und Bergtouren. — Auch die lieben, prächtigen Menschen, die wir dort kennengelernt haben, grüßen wir oft mit unseren Gedanken und hin und wieder auch mit einem Brief. Ich finde immer, jeder liebe Mensch, den Gott uns an den Weg stellt, ist ein Geschenk vom Himmel, für das wir gar nicht genug dankbar sein können. Wir Menschen brauchen einander zur gegenseitigen Ermutigung, wir lernen aneinander und voneinander — ja selbst die, die uns weniger sympathisch sind, haben irgendeine Aufgabe an uns zu erfüllen — und wenn es nur die ist, daß wir an ihnen Geduld lernen. — Wenn Vater meinen Brief liest, und das tut er ja immer, wird er bestimmt wieder behaupten, ich hätte statt seiner Pfarrer werden sollen.

Jetzt zu Dir, liebe Henni. Ich danke Dir für Dein Vertrauen. Ich verstehe gut, daß es oft recht schwer für Dich ist — und doch, laß mich Dir sagen, was ich denke.

Du hast keinen Grund, entmutigt zu sein. Was sind ein paar Monate? — Willst du säen und ernten zugleich? Wenn es im Leben draußen in der Natur stets seine gewisse Zeit braucht, bis der Ackermann den Samen, den er gesät, als vielfältige Frucht in die Scheunen tragen kann, wieviel mehr muß derjenige Geduld haben, der an der Gestaltung eines Menschenherzens arbeitet.

Denkst Du wohl noch an jenen Missionar, der vor Jahren in unserem Pfarrhaus einen Besuch machte? Du warst damals noch ein Kind. Er erzählte von seiner Arbeit unter den Heiden. Vierzig Jahre arbeitete er unermüdlich, bis er den ersten seiner Leute taufen konnte. Vierzig Jahre, Henni, und Du willst nach vier Monaten mutlos werden? — Ein solches Ermüden paßt eigentlich gar nicht zu meiner Tochter. Nein, Henni, rechne mit einem weiten und schwierigen Weg, aber glaube an das Ziel und laß Dir jeden Tag neue Kraft schenken, auszuharren. Einmal wirst auch Du ernten dürfen.

Sieh, Du hast Dir diesen Weg ja nicht selbst gewählt, so müssen oder dürfen wir annehmen, daß Gott selbst Dich in Deinen neuen Wirkungskreis gestellt hat. Er verfolgt gewiß einen bestimmten Zweck. Du weißt, wenn es nach unseren eigenen Wünschen ginge, so wüßte ich nichts lieberes, als daß Du hier bei mir wärest. Ich könnte Dich so gut brauchen. Aber wir wollen uns hüten, mit unseren eigenen Plänen die Bestimmungen Gottes zurückzudrängen. Das hat immer böse Folgen.

Darum, mein Herzkind, sorge Dich nicht allzusehr. Verzehre Dich nicht in der Erinnerung an vergangene Tage, die doch nicht mehr zurückkehren. Zermürbe Dich auch nicht in Sorgen um die Zukunft, sondern mache aus jedem Tag das Beste; denn das Gestern gehört uns nicht mehr, das Morgen gehört uns noch nicht, nur das Heute ist unser Besitz.

Bei uns ist noch alles beim alten. Ich sitze an meinem Fensterplatz im Liegestuhl und lasse mich bedienen. Ich kann gar nichts mehr tun, als — beten — und vielleicht ist das das Größte. Wenn ich so still sitze, Stunde um Stunde, dann nehme ich sie alle im Geiste bei der Hand und führe sie zur Himmelstüre und spreche mit dem lieben Gott über die Nöte und Sorgen des einzelnen.

Als ich als ganz junge Frau in das Pfarrhaus kam, da sollte ich dem Onkel in mancher Arbeit helfen. Er wollte, ich sollte den Jungfrauenverein leiten, in der Frauenstunde sprechen, den Vorsitz des Frauenmissionsgebetsbundes übernehmen und anderes mehr. Das fiel mir anfangs unsagbar schwer. „Du mußt es lernen", sagte mein Mann, und ich übte mich — und bekam mit den Jahren große Freude an diesem Dienst. Ich sehe noch meine müdegearbeiteten, versorgten erzgebirgischen Frauen vor mir sitzen. Während ihre Männer als Bergarbeiter in die Erde fuhren, saßen sie am Klöppelkissen, um die feinen Spitzen in mühsamer Arbeit zu klöppeln, oder sie verrichteten Hausarbeit, die sie sich aus den Strumpffabriken holten. Es war mein Bemühen, ihnen in ihren grauen Alltag ein wenig Licht zu tragen. Ich habe sie lieben gelernt. Damals mußte ich reden lernen. Heute hat Gott mich in die Schule des Schweigens geführt. Auch das will gelernt sein. Und wenn jetzt hin und wieder eins meiner Frauchen zu mir kommt — ich kann sie ja nur selten besuchen —, dann bin ich gewöhnlich die Schweigende. Und meine Frauen haben mir soviel zu sagen von ihren Familien, die oft in dieser armen Gegend heimgesucht werden von Not und Krankheit und Sorgen. Wenn so eine Mutter ihr Herz erleichtert hat, dann beten wir zusammen, und ich habe es längst erfahren, das hilft und tröstet viel besser als alles Reden.

Henni, auch Deine Angelegenheiten will ich vor Gott bringen. Einmal wirst auch Du die Früchte Deiner Arbeit sehen.

Grüße mir das ganze Güntherstaler Haus. Du selbst aber laß Dich umarmen von Deiner Tante Winter.

In großen Buchstaben hatte der Onkel darunter geschrieben:

Geprüft und genehmigt Dein getreuer Onkel."

Henriette ließ den Brief in den Schoß sinken. Dann mußte sie die Hände falten und sich trotz aller Arbeit, die draußen auf sie wartete, noch ein Feierstündchen gönnen. Ja, das war ein Brief aus der Heimat gewesen. Welch zartes Verständnis sprach aus den Zeilen der Tante. Wahrlich, sie war ihr Mutter geworden. Es gibt Frauen, auch unter den unverheirateten findet man sie, die, obgleich sie nie eigene Kinder gehabt haben, ausgesprochene Mütter sind. Aus ihrem Herzen quillt ein Strom heißer Liebe und innigen Verstehens gegenüber allen Schwachen und Hilfsbedürftigen. Und sind die schwierigen Charaktere nicht gerade die hilfsbedürftigsten, selbst wenn sie jede Hilfe ablehnen? Ja, Tante Winter war eine solche Mutternatur. Und plötzlich wußte Henriette: das war es, woran sie es hatte fehlen lassen. Gewiß, sie hatte ihr Bestes getan, sie hatte vom frühen Morgen bis zum späten Abend ihre Pflicht erfüllt, aber sie hatte als die Erzieherin in diesem Hause gestanden, als die Pädagogin mit ihren festen Grundsätzen und Methoden. — Sie konnte sich nicht vorwerfen, ungerecht und lieblos gehandelt zu haben, aber sie spürte es in diesem Augenblick deutlich, daß sie es am Wichtigsten hatte fehlen lassen. Woran das ganze Haus krankte, das war das Fehlen der liebenden, sorgenden Mutterhand, das Fehlen des Mutterherzens, das nicht mutlos wird, selbst wenn es Jahr um Jahr warten, bangen und hoffen muß, die Mutter, die für jeden da ist, ohne Anerkennung und Dank zu erwarten. Ja, das war es! —

Henriette verbarg das Gesicht in den Händen. Sie war zu ehrlich, um sich dieser neugewordenen Erkenntnis zu verschließen. Der Brief der Tante hatte ihr eine ernste Predigt gehalten. Franziska war fünf Jahre ohne Mutter gewesen. Sie hatte sich in diesen Zeiten, wo sie in besonderer Weise einer führenden Hand bedurft hätte, in ganz verkehrte Bahnen verrannt. Fünf Jahre ohne Mutterliebe und Fürsorge, und sie meinte es erzwingen zu wollen, in vier Monaten eine Wendung herbeiführen zu können? Der Brief der Tante hatte ihr gezeigt, daß sie allein mit pädagogischen Grundsätzen nichts erreichte. Hier handelte es sich um die beiden größten Erziehungsmittel, die der Gesinnung Christi entsprachen: „Liebe und Geduld." Nein, sie konnte nichts erzwingen, sie mußte warten können, warten, bis Franziska zu einer besseren Einsicht kam. Und wenn Jahre darüber vergehen sollten. Sie konnte nichts anderes tun, als den Kindern ihres Bruders ein gutes Vorbild sein. Ihre Erfahrungen mußten diese selbst machen.

Henriette mochte eine Stunde in ihrem Zimmer gesessen sein. Sie hatte Zwiesprache mit ihrer Seele gehalten. Jetzt sah sie ihren Weg klar vor sich. Nicht sie selbst konnte das krummgewachsene Bäumchen geradebiegen, am allerwenigsten mit Gewalt, sie konnte höchstens dem großen Gärtner Handlangerdienste tun. Aber das nahm sie sich vor: treuer und gewissenhafter als bisher wollte sie sich der ihr anvertrauten Kinder und auch des Bruders, der bei all seinen wissenschaftlichen Problemen doch am Wichtigsten vorbeiging, und somit an seinen eigenen Kindern unendlich viel versäumt hatte, annehmen und fürbittend ihrer gedenken.

Die Tante hatte recht, das war das Größte. Und vielleicht lag gerade darin ein Stück ihrer Lebensaufgabe. Gehörte sie nicht auch zu denen, die geneigt sind, das große Ereignis ihres Lebens in der Zukunft zu suchen, sie warten und warten von Jahr zu Jahr auf das Gewaltige und lassen die täglichen Gelegenheiten aus den Händen gleiten.

Henriette erkannte in dieser Stunde ihre Aufgabe. War es ihr versagt geblieben, Frau und Mutter zu sein, durfte sie sich an keinem eigenen Familienglück erfreuen, so wollte sie diese ihre Aufgabe recht erfüllen: eine Mutter sein im wahren Sinne des Wortes. Sie mußte sich die Liebe von Gott schenken lassen, die Liebe und die Geduld einer Mutter.

Henriette stand am Fenster und blickte hinaus in den herbstlichen Garten. Der Wind riß an den Bäumen, daß die buntgefärbten Blätter zur Erde taumelten. Es dauerte wohl noch eine Weile, dachte Henriette, bis der Frühling wiederkommt. Wir müssen erst die frostigen Nächte des Winters überstehen, aber er wird dennoch kommen! —

Klägliches Geschrei schallte plötzlich durch das Haus. Henriette eilte hinaus. Da kam ihr das Peterlein mit blutendem Finger weinend entgegen, Vaters Rasiermesser in der andern Hand. Ganz wütende Äuglein machte der kleine Mann. „Ist denn niemand im ganzen Haus, der sich um einen kümmert?" klagte er. Da nahm ihn die Tante in die Arme und küßte ihn.

„Doch, Liebling, hier bin ich — du sollst von jetzt an nicht mehr auf die Suche gehen müssen nach jemand, der sich um dich kümmert." — —

„Ich möchte einiges mit dir besprechen." Mit diesen Worten betrat Henriette das Zimmer ihres Bruders. Dieser blickte erst gar nicht von seiner Arbeit auf. Eifrig weiterschreibend antwortete er: „Ist es etwas Dringendes, was du mit mir besprechen willst? Hat es nicht Zeit? Ich habe gerade im Augenblick eine sehr wichtige Arbeit vor, die keinen Aufschub duldet. Brauchst du Geld? — Hier —" Er griff in die Schublade. Henriette seufzte. So war es immer. Stets wenn sie irgend etwas mit ihrem Bruder besprechen wollte, war er derart in seine wissenschaftlichen Arbeiten vertieft, daß er entweder nur halb oder überhaupt nicht auf das hörte, was sie ihm sagte. „Ich überlasse alles dir", das war gewöhnlich die Antwort, die er ihr gab. Alle häuslichen und leider auch familiären Angelegenheiten interessierten ihn so gut wie gar nicht.

Geldliche Sorgen kannte seine Familie nicht. Der Professor war vermögend und hatte außerdem ein gutes Einkommen. Er war auf der Universität sehr geachtet. Man hatte ihm manche Fortschritte auf dem Gebiet der Naturwissenschaft zu verdanken. Aber mit den Jahren hatte er sich in eine beinahe krankhafte Einseitigkeit verbohrt. Es gab nur noch dieses eine Gebiet für ihn.

Henriette ließ sich heute jedoch nicht abweisen. Sie war gewillt, über einige wichtige Fragen mit ihrem Bruder zu reden. Er mußte sie anhören. So zog sie sich einen Sessel heran und ließ sich dadurch nicht beirren, daß ihr Bruder bereits wieder zum Federhalter gegriffen hatte und eifrig schrieb.

„Es tut mir leid, wenn ich dich störe", begann sie ihre Unterhaltung, „aber ich muß dich schon bitten, mir ernsthaft deine Aufmerksamkeit zu schenken. Es sind wichtige Dinge, die ich mit dir zu besprechen habe."

Der Professor seufzte tief. Er behielt den Federhalter in der Hand und wandte sich an die unbequeme Schwester. „Wenn es denn sein muß... dann fange an... aber bitte, liebe Henni, fasse dich kurz!"

Henriette mußte hell auflachen. „Du mußt dich schon auf eine Stunde Hörsaal einrichten!" gab sie ihm scherzhaft zurück.

„Du schrecklicher Mensch!" stöhnte der Bruder. „Du weißt gar nicht, was du tust."

„O doch, ich weiß es genau — ich möchte dir vor allem eine Frage vorlegen: Wie alt muß deiner Ansicht nach ein junger Mann sein, um ein Verhältnis mit einem jungen Mädchen haben zu können?"

Der Professor wiederholte zerstreut: „Wie alt?"

Aber seiner Schwester kam es vor, als berechne er irgendwelche mathematischen Zusammenhänge. So ging sie gleich auf die nächste Frage über? „Paul, hast du jemals mit Herbert über ernste Lebensfragen gesprochen, über die jeder Vater mit seinem Sohne reden sollte?"

Professor Brenner fuhr sich mit der Hand über das Gesicht, als wollte er etwas Unangenehmes wegstreichen. „Henni, du weißt doch, ich bin immer so beschäftigt und mir liegt so etwas nicht."

„Herbert wird im kommenden Monat achtzehn Jahre alt."

„Ja... ja... tatsächlich... die Zeit vergeht! Aber bis er ans Heiraten denkt, gehen doch noch eine Reihe von Jahren darüber hin."

Nun klang Henriettes Stimme beinahe erregt: „Paul, muß denn gleich ans Heiraten gedacht werden? Ist es dir denn nicht klar, daß dein Junge gerade jetzt eines führenden, ratenden Freundes, der ihm Verständnis entgegenbringt, bedarf? Du, sein Vater, solltest dieser Freund sein.

Wie soll er seinen Weg durch all das Neue, Große und Unerklärliche der Jahre seines Werdens finden? Wie soll er sich eine saubere, reine Jugend bewahren, wenn er niemand hat, der ihn berät, ihm hilft? Paul, du hättest längst daran denken müssen, daß deine Kinder dem Spielalter entwachsen sind. Wenn ich nicht an Herberts guten Charakter glauben würde, müßte ich befürchten, daß du längst Wichtiges versäumt hast."

Der Professor fuhr sich mit der Hand durch die spärlichen Haare. Die ganze Sache erschien ihm nicht nur zeitraubend, sondern auch höchst unangenehm. „Henni, mit mir hat auch niemand über derartige Dinge gesprochen, als ich ein junger Mann war. Da muß jeder seinen Weg selbst finden."

„Nein, Paul, da bin ich anderer Meinung. Die Zeit liegt hinter uns, wo man sich ängstlich hütete, die heranwachsenden Kinder aufzuklären und sich lächerlich kindisch benahm, wenn die Söhne und Töchter mit derlei Fragen an die Eltern herantraten. Ich behaupte noch einmal, daß junge Menschen im Alter von Herbert und Franziska unbedingt einen Führer und liebevollen Freund brauchen, der ihnen die wichtigen Lebensfragen erklärt und sie mit zarter Hand leitet, ihnen Ehrfurcht und Achtung vor dem Wunder des Lebens beibringt und alles tut, um die jungen Seelen rein zu erhalten und vor Schaden zu behüten."

Henriette hatte sich ganz warm geredet. Wie eine Henne, die ihre Flügel schützend über ihre Küchlein breitet, kämpfte sie um die ihr anvertrauten Kinder. Wie eine Mutter — ganz wie eine Mutter.

Sie sprach leiser als sie fortfuhr: „Wußtest du denn, daß Herbert etwas Ähnliches wie ein Verhältnis hat?"

Der Professor fuhr auf. „Was — Herbert? Ich bitte dich — das wäre ja die Höhe. Diesen Bengel lege ich noch übers Knie. Wo ist er? Sofort soll er sich dazu stellen."

Henriette legte ihm beschwichtigend die Hand auf den Arm. „Paul, dein Aufbrausen ist nicht am Platze. Bei einem achtzehnjährigen Sohn spricht man nicht mehr von einem ‚Überskniclegen', und dann handelt es sich, soweit ich sehen kann, nicht um eine unehrenhafte, unsaubere Angelegenheit. Wenn du dich aber über eine Liebelei, wie sie bei Schülern in diesem Alter oft zu finden ist, aufregst, so frage ich dich: Was hast du getan, um derartiges zu verhüten?"

„Getan, um zu verhüten — —" Professor Brenner sprang erregt auf. „Willst du damit sagen, daß ich schuld daran bin, wenn sich der Bengel mit Mädels herumtreibt?"

„Aber Paul, ich bitte dich, sei nicht ungerecht. Ich betone noch einmal, daß Herbert, soweit ich in der Angelegenheit durchblicke, sich nicht auf schlechten Bahnen befindet — aber ich meine, der Sohn von Professor Brenner sollte sich auch nicht in eine Tändelei und Spielerei auf diesem Gebiet einlassen. Paul — du hast — fürchte ich, manches nachzuholen."

Professor Brenner hatte sich stöhnend wieder in seinem Stuhl niedergelassen. „Ach, Henni — du magst recht haben, ich tauge nicht als Erzieher."

„Willst du es mir überlassen, mit Herbert zu reden?" fragte die Schwester. Sie befürchtete, daß eine diesbezügliche Unterredung zwischen Vater und Sohn mehr schaden als nützen würde.

„Ja, Henni, ich bin dir sehr dankbar dafür. Laß es mich wissen, was daraus wird — denn schließlich sind mir die Kinder doch nicht gleichgültig."

Henriette ging wieder an ihre Arbeit. Sie dachte nicht ohne Traurigkeit an ihren Bruder.

Eines Tages kam Franziska aus der Schule und kündete der Tante an, daß sie für den kommenden Nachmittag verschiedene Mädchen ihrer Klasse zu sich eingeladen habe.

„Wie nett", antwortete diese, „da lerne ich auch einmal deine Freundinnen kennen."

„Ich hatte eigentlich vor, mit den Mädels in meinem Zimmer zu bleiben."

Henriette spürte die Abweisung, die aus den Worten der Nichte sprach. Sie wußte, ihre Gegenwart war morgen nicht erwünscht. Angenehm war dieser Gedanke nicht, aber sie blieb ruhig und freundlich, als sie antwortete: „Ich werde euch alles im Eßzimmer zurechtmachen. Da ist es gemütlich und ihr habt Platz genug. Du kannst dann die Wirtin spielen. Ich habe um drei Uhr einige Besorgungen in der Stadt zu erledigen. Eigentlich ist es schade, daß du deine Freundinnen nicht für übermorgen eingeladen hast. Da könnte ich gleich eine Rahmtorte für euch mitbacken, weil ich dann sowieso für Sonntag backen will. Kannst du es nicht um einen Tag verschieben?"

„Nein, das ist nicht mehr rückgängig zu machen", war die Antwort, „und übrigens brauchst du nicht für uns zu backen, ich bestelle noch heute Windbeutel mit Schlagsahne beim Konditor."

„Gut, Fränzi, dann lasse deine Freundinnen nur morgen kommen."

Während Henriette wieder ihrer Arbeit nachging, beschäftigten sich ihre Gedanken wieder mit der Frage: Wie finde ich den Schlüssel zum Herzen meiner Nichte? Sie ahnte nicht, daß Franziska selbst erst noch durch dunkle Tiefen geführt werden mußte, bevor sie erkannte, wie gütig die Hand war, die sich ihr helfend entgegenstreckte.

Die jungen Mädchen kamen. Wie die Frühlingsblumen waren sie anzusehen in ihren duftigen, farbenfrohen Kleidern. Henriette freute sich an der Jugend. Sie war eine von den Frauen, deren Vorsatz es war, sich so lange wie nur irgend möglich ein jugendfrohes Herz zu bewahren.

Helles Lachen schallte durch Haus und Garten. Franziska stand aufgeregt am Fenster des Eßzimmers und trommelte nervös mit den gepflegten Fingern auf dem Fensterbrett herum.

„Was ist dir denn?" fragte Eleonore Klinghammer und stellte sich neben die Freundin. „Du bist so erregt."

„Da soll man nicht aus der Haut fahren", antwortete Franziska aufgebracht. „Dieser Idiot von Konditor hatte mir bestimmt versprochen, die bestellten Windbeutel zur rechten Zeit zu schicken. Jetzt sind sie immer noch nicht da. Ich bin direkt blamiert vor den Mädels."

„Allerdings, das ist höchst fatal. Aber sieh, da kommt deine Tante."

Henriette, die die jungen Mädchen bereits in liebenswürdiger Art begrüßt hatte, trat zu ihrer Nichte. „Fränzi, du bist in Sorge um deine Windbeutel?"

Franziska nickte ärgerlich. „Dieser pflichtvergessene Kerl, dem werde ich aber meine Meinung sagen."

„Wenn du willst", fuhr die Tante fort, „gebe ich dir die Rahmtorte, die ich heute morgen gebacken habe. Es war so gutes Feuer. Das wollte ich ausnutzen und habe anstatt erst morgen schon heute gebacken. Wenn du sie haben willst?..."

Franziska atmete auf. „O ja — ich wäre dir sehr..." Plötzlich aber schien sie sich daran zu erinnern, daß sie die Tante Henriette ja nicht leiden konnte, und besonders vor ihrer Freundin, die um ihre Stellung der Tante gegenüber wußte, durfte sie keine andere Richtung einschlagen. So verschluckte sie das Wort „dankbar" und sagte kurz: „Gut denn, Auguste soll sie reinbringen. Hoffentlich kommen inzwischen auch die Windbeutel."

Henriette brachte selbst die appetitlich aussehende Torte, und die sechs jungen Mädchen nahmen ihre Plätze ein.

„Nun wünsche ich euch einen vergnügten Nachmittag",

sagte sie. „Ich habe einige Besorgungen in der Stadt zu machen, aber Fränzi wird gut für euch sorgen." Sie nickte allen freundlich zu und verließ das Zimmer.

Fränzi aber ärgerte sich bereits wieder über die Art der Tante. „Sie tut gerade, als wenn sie uns eingeladen hätte", flüsterte sie Eleonore, die neben ihr saß, zu.

„Ich finde es aber doch sehr nett, daß sie dir gleich die Torte angeboten hat", erwiderte diese.

„Pah — das wird sich wohl so gehören!" Das fehlte gerade noch, daß Eleonore die Tante verteidigte. Franziskas Ärger aber steigerte sich, als eines der anderen jungen Mädchen mit schwärmerischem Augenaufschlag behauptete, Fräulein Brenner sei ein reizender und sehr sympathischer Mensch.

Fränzi antwortete mit einer wegwerfenden Handbewegung: „Geschmacksache!" Aber der Nachmittag war ihr verdorben, und schuld war nur wieder diese Person — die Tante — die sich Rechte aneignete, die ihr nicht zukamen. O — sie verwünschte sie!

Henriette Brenner fuhr mit dem Autobus in die Stadt. Ihre Besorgungen in der Kaiserstraße waren bald erledigt. Sie hätte nach Güntherstal zurückfahren können, aber das Bewußtsein, der Nichte bei ihrem Kaffeekränzchen lästig zu fallen, kam wie eine innere Beengung über sie, obwohl sie darüber zu lächeln versuchte. So schritt sie in Gedanken versunken durch die Stadt und gelangte, ohne eigentlich zu wollen, zum Münsterplatz. Gewaltig erhob sich das majestätische Gebäude vor ihr. Sie hatte sich bisher nie Zeit genommen, es zu besichtigen. Nun trat sie kurz entschlossen ein. Die schweren Türen schlossen sich hinter ihr und sie stand in der dämmerigen Kühle des prachtvollen Bauwerkes. Der Straßenlärm drang nur gedämpft herein und mutete schier weltfremd an. Eine fast geheimnisvolle Stille umgab den Eintretenden. Zwei, drei andächtige Beter knieten in den Kirchenstühlen. Vor dem Hauptaltar leuchtete in sanftem Schein das ewige Licht. Und nun setzte Orgelspiel ein. Henriette schritt langsam durch die Gänge des Münsters. Die eindrucksvolle Schönheit der Kirche übte einen starken Einfluß auf sie aus. Alte, wertvolle Kunst grüßte sie und ließ sie in ehrlicher Bewunderung deren Meister gedenken. Nach einem Rundgang durch den weiten Kirchenraum setzte sie sich in eine der seitlichen Nischen. Wohltuend empfand sie die sie umgebende Stille, in die das sanfte Orgelspiel wie ein Grüßen aus einer anderen Welt drang. Und wie sie dort ein kurzes Feierstündchen erlebte, kam eine große Erkenntnis über sie. Deutlich spürte sie die Schwere ihrer Alltagsaufgaben. All ihr Bemühen wollte ihr vergeblich und aussichtslos erscheinen. Das heutige Benehmen ihrer Nichte war ihr wieder einmal ein klarer Beweis. So manche kleine Alltagsepisode im Hause ihres Bruders ließ auf alles andere als Erfolg und Fortschritt schließen. Wie ein schweres Gewicht legte es sich wieder einmal auf sie. Aber wieder sah sie es ganz klar vor sich: sie war in diesen Wirkungskreis von höherer Hand gestellt worden, um sich gerade hier in diesen ihr oft unüberwindlich erscheinenden Schwierigkeiten zu bewähren. Ja — wahrscheinlich gerade — und ausgesprochen hier! — wo es jeden Tag aufs neue hieß, sich zu überwinden und Selbstbeherrschung zu üben. Und so wie sie hier, inmitten der Unruhe und des rastlosen Straßenlärmes, in tiefem Frieden eine Feierstunde in der Stille des Gotteshauses verbrachte, so mußte sie dafür sorgen, daß sie in sich selbst eine Stätte der Andacht, der heiligen Stille bewahrte, ein Plätzchen, wohin sie sich zurückziehen konnte und wo die Unruhe ihrer Umgebung sie nicht erreichte. Und an diesem stillen Plätzchen ihres Innern würde sie sich immer wieder Kraft holen für die Aufgaben, die ihr gestellt waren, um tapfer den ihr vorgeschriebenen Weg gehen zu können.

Henriette Brenner atmete auf, als sie die Kirche verließ. Wie nötig waren solche Feierstunden der Selbstbesinnung. Nun aber mußte sie eilen, um den Bus zu erreichen. In der Nähe der Universität wurde sie aus ihrem Sinnen durch lautes Lachen und lebhaftes Gespräch aufgeschreckt. War das nicht Herberts Stimme? — Und wer war dieses junge Mädchen an seiner Seite? Soeben blieb sie stehen, um über irgendeine, sie scheinbar sehr amüsierende Sache laut und ungeniert loszulachen. Nur wenige Schritte trennten Henriette von den beiden. Es war ihr peinlich, hinter ihnen herzugehen und schließlich in den Verdacht des Lauschens zu kommen. Aber vielleicht war es die beste Gelegenheit, das Mädchen, mit der sich Herbert wiederholt traf, kennenzulernen. Sie verwarf den Gedanken, in eine Seitenstraße einzubiegen. Es wäre ihr wie Heimlichtuerei vorgekommen und das war ihrem geraden, aufrechten Wesen zuwider. Unwillkürlich erhob sie die Augen zu der Kuppel der Universität, von der wie ein heiliges Symbol in goldenen Buchstaben die Worte herniedergrüßten: „Die Wahrheit wird euch frei machen." Henriette schritt schneller aus, um die beiden vor sich einzuholen.

Herbert Brenner erschrak sichtlich und konnte eine gewisse Verlegenheit nicht verbergen, als sie ihn ansprach. Dann stellte er vor: „Ilse Marksebel, — meine Tante, Fräulein Brenner."

Oft genügt eine Sekunde, der Aufschlag zweier Augen, ein kurzes, gegenseitiges Sichmessen und man weiß, wen man vor sich hat. Henriette erschrak. Das also war die Freundin ihres Neffen? Dieses sichtlich kokette, oberflächliche junge Mädchen in der auffallenden, ja fast verwegenen Aufmachung, mit dem geheimnisvollen Flackern in den Augen, das dem geübten Blick Henriettes nicht entging. Und wie eine bange Angst um den Neffen, der ihr lieb war, wollte es über sie kommen. Ilse Marksebel besaß ebenfalls genügend Menschenkenntnis, um auf den ersten Blick zu erfassen, wer vor ihr stand, und es war ihr klar: Wenn diese in Herberts Familie irgendwelche Rechte hat, dann kann ich sie als meine Gegnerin betrachten.

Herbert mochte etwas von diesen Gedankengängen ahnen und suchte nach einer Möglichkeit, diese ihm höchst peinliche Situation zum Abschluß zu bringen. Er zog die Uhr und wandte sich an die Tante: „Ich nehme an, daß du ebenfalls den Bus 6.15 Uhr benützen willst. Dann können wir ja zusammen fahren."

Mit einer kühlen Verbeugung verabschiedete sich das junge Mädchen von ihr. Henriette sah wohl den stummen Vorwurf in ihren Augen. Du bist schuld, daß wir uns jetzt trennen müssen.

„Servus, Herbert!" nickte sie dem Freunde zu und lief eilig davon.

Die beiden gingen eine Weile schweigend nebeneinander her. Was wird sie sagen? dachte Herbert, und: Was soll ich sagen? fragte sich Henriette. Sie meinte ihren Bruder zu hören: „Rede du mit ihm!" und sie fühlte, daß es einmal sein mußte. Aber ob jetzt die gegebene Stunde war? Gerade in diesen Angelegenheiten hieß es, zartfühlend und taktvoll zu sein, sonst verdarb man weit mehr als man half.

„Bist du mit Ilse Marksebel befreundet?" fragte sie schließlich, um einen Anfang zu machen.

„Ja", antwortete Herbert, aber seine Stimme hatte einen unsicheren Klang.

„Ihr kommt öfters zusammen, nicht wahr?" fuhr Henriette fort und bemühte sich, in keinen schulmeisterlichen Ton zu verfallen.

„Nun ja — man trifft sich hin und wieder."

Henriette spürte, so kam sie nicht weiter, und so ging sie kurz entschlossen aufs Ziel los. „Herbert, erlaube mir eine

Frage. Hast du ernste Absichten mit diesem Mädchen — man spricht bereits über euer wiederholtes Zusammentreffen."

„Ach Gott, Tante — was heißt ernste Absichten?"

„Du nennst den Namen Gottes? — Da möchte ich dir gleich den Rat geben, nie eine ernstliche Lebenswahl zu treffen, ohne dir vor Gott darüber klarzuwerden, ob es die richtige ist."

„Ich bin nicht fromm, Tante."

„Und warum bist du es nicht?"

„Warum? — Findest du, daß es zu mir passen würde? — Und übrigens würde ich mich vollständig unmöglich machen unter meinen Studienkollegen."

„Ist das dein ganzer Begriff von innerer Freiheit? Das ist meiner Meinung nach ein bedauernswerter Schwächling, der ständig fragt: Was sagen die anderen dazu? Ich habe dich nie für einen Herdenmenschen gehalten, Herbert."

„Du gehst zum Angriff über, Tante. Um fromm zu sein, müßte ich erst von der Notwendigkeit der Frömmigkeit überzeugt sein, und das bin ich nicht."

„Der Tag wird kommen, wo du erkennst, daß alles andere Hilfsmittel und oft kläglich versagende Hilfsmittel sind im Vergleich zu wahrer Herzensfrömmigkeit, und dann hoffe ich, daß du den Weg zu Christus findest."

Wieder war es eine Weile still zwischen den beiden, dann sagte Herbert leise und wie aus tiefem Sinnen heraus: „Mutter war fromm!"

Sofort nahm Henriette den Faden auf. „Ja, Herbert, und wenn ich je wünschte, daß sie euch erhalten geblieben wäre, dann ist es jetzt, denn eine Mutter würde es besser verstehen, euch Kindern in der Zeit eures Wachsens und Werdens zu helfen. Sieh, Herbert, es ist mir nicht verborgen geblieben, daß du dich öfters mit diesem Mädchen triffst."

Der Neffe sah sie beinahe belustigt an. „Machst du dir

meinetwegen Sorgen, Tantchen? — Ich bitte dich, alle meine Kollegen haben so eine kleine Freundschaft — da ist doch nichts dabei."

„Gerade das beunruhigt mich, Herbert — ihr nennt es eine kleine Freundschaft und kommt auf diese Art dahin, tiefernste Lebensfragen leicht zu nehmen und als Spielerei zu betrachten, was im Grunde genommen lebensbestimmend und von weit größerem Einfluß auf eure Zukunft ist, als ihr jetzt in euren jungen Jahren ahnt. Es ist keineswegs der Fall, daß ich ein gesundes kameradschaftliches Verhältnis zwischen jungen Männern und Mädchen verwerfe. Ich spreche von den schadenbringenden Einflüssen, die eine sogenannte Liebelei haben kann. Herbert, es liegt mir fern, dir Vorschriften machen zu wollen — und damit du siehst, daß ich nicht ungerechtfertigt zu dir spreche, will ich dir sagen, daß ich jahrelang verlobt war. Kurz vor unserer Hochzeit nahm mir der Tod den, der mir Lebenskamerad sein wollte. Ich weiß es also, was zwei Menschen sich sein können, denn wir waren sehr glücklich, und eben darum, Herbert, ist es mir ein solches Anliegen, dir zu sagen, betrachte diese Dinge nicht als Spielerei. Du bist noch zu jung, um an eine ernstliche Bindung denken zu können. Mache aber nie einem Mädchen irgendwelche Hoffnungen, wenn du nicht sicher weißt, daß du imstande bist, sie zu erfüllen. Begegnet dir aber ein Mädchen, von dem du glaubst, daß sie zu dir als deine rechte Lebenskameradin passen könnte, und fühlst du dich mit ihr in reiner Zuneigung verbunden, dann sorge dafür, daß ihr bis an euer Lebensende mit gegenseitiger Achtung an die Zeit eurer jungen Liebe zurückdenken könnt. Kein rechtdenkendes, charaktervolles Mädchen wird wünschen, aus der Angelegenheit ihrer Liebe dauernd eine Heimlichtuerei zu machen. Wenn du glaubst, einem Mädchen gegenüber ernste Absichten haben zu können, so führe sie in dein Elternhaus und beweise ihr dadurch die Aufrichtigkeit deiner Stellungnahme ihr gegenüber — denn ein aufrechter Charakter zerbricht an Heimlichkeiten. Willst du diese Ilse Marksebel nicht einmal mit nach Hause bringen?"

Herbert war froh, daß sie die Haltestelle des Autobusses erreicht hatten und gleich einsteigen konnten. So fiel es nicht auf, daß er die letzte Frage unbeantwortet ließ.

Ilse Marksebel mit nach Hause bringen? — Er meinte des Vaters Gesicht zu sehen. — Und wie kam es, daß es ihm plötzlich peinlich war, Ilse mit der Tante in Verbindung zu bringen — besonders jetzt, nach deren ernsten Worten? Es war merkwürdig, wenn jemand anderes so zu ihm gesprochen hätte, würde er bestimmt gesagt haben: „Das ist meine Angelegenheit, die dich nichts angeht." Aber die Schwester des Vaters hatte etwas an sich, daß man es ihr einfach abfühlte, wie gut und grundehrlich sie es meinte. — So würde Mutter gehandelt haben, und darum mußte er ihr einfach gut sein. Ja, sie war ganz wie Mutter. — Während der Fahrt wurde dieses Thema nicht mehr berührt, aber bevor sie in Güntherstal ausstiegen, reichte Herbert, einem inneren Impuls folgend, seiner Tante die Hand. „Ich danke dir, Tante Henni — es tut einmal ganz gut, über derartiges zu sprechen."

In der Haustüre blickte Auguste bereits nach ihnen aus. „Ich bin in Sorge um Ruth", sagte sie, „sie ist mit Fieber aus der Schule gekommen. Ich habe sie zu Bett geschickt."

Während Henriette ihre Sachen ablegte, lief Franziska durch den Hausflur. Sie fand es nicht nötig zu grüßen, konnte es aber nicht unterlassen, hörbar vor sich hinzubrummen: „Es wird Zeit, daß jemand nach dem kranken Kind sieht; schlimm genug, daß Ruth so lange allein gelassen wird."

Da war sie bereits wieder, die gegnerische Einstellung. Henriette aber erinnerte sich der stillen Stunde in der

Kirche, raffte sich auf und stellte sich aufs neue zielbewußt ihren Aufgaben. —

Nun hatte der herbstliche Sturm seine Pflicht getan. Wie in stummer Klage streckten die Bäume die kahlen Äste zum Himmel. Durch den Wald schien ein Frösteln zu gehen. Aber das schützende Winterkleid war schon bereitet. Leise begann es zu schneien und dann wurde der Schneeflockenreigen dichter und dichter. Die Erde trug ihr prächtiges, weißes Kleid.

Peterle stand am Fenster, klatschte in die Hände und jauchzte in hellem Entzücken: „Es schneit! Es schneit! Dann kommt bald das Christkindlein." Tante Henni hatte ihm davon erzählt, und nun konnte er es kaum erwarten. Es war wohl das erstemal in seinem Leben, daß er die ganzen Wonnen der Vorweihnachtszeit mit all ihren geheimnisvollen Vorbereitungen und Erwartungen in dieser Weise erlebte. Der Vater hatte keinen Sinn für die familiäre Gestaltung eines Festes, und den Geschwistern hatte eben auch die anleitende Hand gefehlt. Aber Tante Henni war auch auf diesem Gebiet zu Hause. Über dem großen Tisch im Eßzimmer hing ein prächtiger Adventskranz mit roten Lichtern. Und jeden Abend beim Dunkelwerden wurden die Kerzen angezündet und Tante Henni setzte sich ans Klavier, spielte und sang. So wunderschöne Lieder meinte das Peterlein in seinem ganzen Leben noch nicht gehört zu haben. Dabei fiel es einem gar nicht schwer, mäuschenstill zu sein, und Herbert, der die Feierstunden in der Dämmerzeit auch sehr liebte, behauptete, Peterle müsse ein musikalisches Genie sein, seinen verklärt leuchtenden Augen nach zu schließen.

Ruth, die seit Wochen nicht zur Schule gehen konnte, war aufs Sofa gebettet worden und vergaß ihre üble Laune unter dem Schein der Adventslichter. Die Feststimmung schien sich auf alle zu übertragen. Nur Franziska nahm ganz selten an den Adventsfeierstunden teil. Sie war beinahe täglich bei ihrer Freundin und wußte es zum Leidwesen der Tante so einzurichten, daß sie gerade zu den Mahlzeiten nach Hause kam. Aber Henriette setzte große Hoffnungen auf das Weihnachtsfest.

Für jeden hatte sie sich eine Überraschung ausgedacht und in feiner, sinniger Weise die Vorbereitungen getroffen. Besonders aber hatte sie sich bemüht, Franziskas heimliche Wünsche zu erraten. Sie glaubte bestimmt daran, daß Weihnachten, das Fest der Liebe, sie einander näherbringen würde.

Wenige Tage vor dem Heiligen Abend war es. Im Wohnzimmer saß Henriette mit den Kindern und erzählte ihnen von den Weihnachtsabenden im erzgebirgischen Pfarrhause. Von den traditionellen neun Gerichten auf dem Weihnachtseßtisch sprach sie, von den Weihnachtspyramiden, auf denen kleine, geschnitzte Bergleute in hocherhobenen Händen Lichtlein trugen, von den mitternächtlichen Kirchgängen am Heiligen Abend und von manch anderen schönen Gebräuchen. Und dann sang sie mit ihrer klaren Stimme ihnen noch ein erzgebirgisches Weihnachtslied vor.

Franziska war heute frühzeitig nach Hause gekommen und nahm ausnahmsweise an dem traulichen Gespräch teil. Henriette freute sich im stillen und glaubte schon etwas von der Wirkung der Festatmosphäre zu verspüren. Als Peter einem Freudenausbruch Luft machte und an den Fingern abzählte, wie oft man noch schlafen müsse, bis das Christkind nun endlich käme, stimmte sie herzlich mit ein: „Kinder, es geht mir beinahe so wie dem Kleinen, ich kann den Heiligen Abend kaum erwarten. Ein richtiges Fest wollen wir erleben, mit viel Licht und Weihnachtsstimmung, und jeder von uns soll dazu beitragen, daß es wirklich ein wunderschöner Abend wird."

„Wann gedenkst du denn deine Feier zu veranstalten?" unterbrach sie jetzt Franziska, und in ihrer Frage lag unverkennbarer Spott.

„Meine Feier?" wiederholte die Tante erstaunt. „Wie soll ich das verstehen? Es ist doch nicht meine Feier? Gibt es denn überhaupt ein Fest, das die Familie so wundersam verbindet wie das Weihnachtsfest?"

Franziska lächelte verlegen. „Tante, ich finde deine Art köstlich; hätte ich nicht solchen Respekt vor dir, ich würde sagen — naiv. Wir sind doch schließlich keine kleinen Kinder mehr. — Lieber Gott, wenn du für die beiden Kleinen eine Bescherung veranstalten willst, gut denn, ich will dir gewiß die Freude nicht verderben, im Gegenteil, ich spende sogar mein Teil dazu — aber um unsretwillen kannst du dir wirklich jede Mühe ersparen. Vater hat uns in dieser Hinsicht nicht verwöhnt, er hat uns zu Weihnachten ein ordentliches Stück Geld in die Hand gedrückt, und wir kauften unser Geschenk dann selber. Ich denke, wir bleiben bei der Sitte, zumal wir ja schließlich aus den Kinderjahren heraus sind, wo man sich mit Trommeln und Trompeten überraschen läßt. Übrigens bin ich am Heiligen Abend von neun Uhr an bei Klinghammers eingeladen und habe bereits dort zugesagt."

Herbert hatte während dieser Rede mit gefurchter Stirne in einem Sessel gelehnt. Jetzt aber sprang er auf. Ehrliche Entrüstung sprach aus seinen Augen, als er zornig seine Schwester anfuhr: „Jetzt hörst du auf, du bist ein ganz eingebildetes, aber desto mehr ungebildetes, dummes Ding. Es ist eine bodenlose Unverschämtheit, wie du dich der Tante gegenüber benimmst. Seit Wochen plant und überlegt sie, wie sie uns ein schönes Weihnachtsfest bereiten kann — und so dankst du ihr all ihre Mühe? Pfui, Fränzi — ich finde so etwas direkt niederträchtig. Du ziehst es also vor, ein Stück Geld in die

Hand gedrückt zu bekommen? Glaubst du, alle diese liebevollen Vorbereitungen seien mit Geld zu bezahlen? Meinst du, Weihnachtsstimmung und Festfreude seien käuflich? Du scheinst dich nicht mehr daran zu erinnern, wie rührend unsere Mutter uns den Heiligen Abend gestaltete? Ich schäme mich nicht, es zu sagen, daß ich mich in all den Jahren wer weiß wie sehr nach solchen Weihnachtsfesten gesehnt habe. — Nenne mich meinetwegen sentimental, aber ich habe es von Herzen begrüßt, daß Tante Henni uns wieder zu einem wirklich echten Weihnachtsfest verhilft — und du nennst das naiv? Du schämst dich nicht? Du weißt ihr keinen besseren Dank, als daß du am Heiligen Abend zu fremden Leuten läufst? — Ich sage dir — du wirst bei Klinghammers absagen — du wirst den Weihnachtsabend bei uns verleben — ich verbiete dir, fortzugehen — und wenn du glaubst, deinen Kopf durchsetzen zu können, dann werde ich mit Vater sprechen und ihn einmal über seine Tochter aufklären."

Henriette hatte schon einige Male versucht, Herbert zu unterbrechen, um den Streit zu verhüten und den aufgeregten Neffen zu beschwichtigen — aber er war so erregt, daß er sie gar nicht zu Wort kommen ließ.

Nun war auch Franziska aufgesprungen und stand dem Bruder gegenüber. „Du — du willst mich beim Vater schlecht machen?" schrie sie aufgeregt. „Wage es, ich warte nur auf die Gelegenheit ihm mitzuteilen, mit was für einem Früchtchen du dich seit Monaten herumtreibst — du scheinheiliger Tugendspiegel!"

Da konnte der Bruder nicht mehr an sich halten. Er versetzte Franziska einen Schlag ins Gesicht, verließ das Zimmer und schlug die Türe hinter sich zu. —

Das war ein trauriger Adventsabend. Die beiden Kleinen weinten. Henriette hatte große Mühe, sie zu beruhigen. Franziska aber war wutentbrannt auf ihr Zimmer geeilt, wo sie sich auf ihr Bett warf. Zornestränen rannen über ihr Gesicht. Solch eine Gemeinheit! Herbert hatte sie geschlagen — und dies in Gegenwart dieser verhaßten Tante, der dieser Auftritt sicher ein Genuß war. —

Henriette aber ging, um die Lichter am Adventskranz zu löschen, das Herz tat ihr weh. — War das eine Sechzehnjährige, die in einer derartigen Nichtachtung von dem schönsten aller Feste sprach? —

Es ist nicht leicht, Freude zu schenken, wenn man weiß, man kommt damit an verschlossene Türen, die sich trotz aller Bemühungen nicht öffnen wollen. Henriette schalt sich töricht, daß sie sich so von dem Benehmen ihrer Nichte beeinflussen ließ. Die anderen Kinder, das wußte sie, freuten sich auf das Fest, aber sie hätte gerne alle ohne Ausnahme mit hineingezogen in die geheimnisvolle Erwartung.

Am nächsten Tage bekam sie eine Karte von ihrer Tante. Es schien, als habe diese mit ihrem feinen Empfinden wieder einmal geahnt, wie es um sie stand. Wie passend war der Spruch auf der Karte gewählt:

„Wenn Gutes, das du wirken wolltest,
dir ganz verkehrt wird ausgelegt,
wenn der, dem Liebe du wollt'st zeigen,
im Herzen Mißtrauen gar hegt,
wenn ganz vergebens scheinet all dein Mühen
und in dein Herz will Bitterkeit schon ziehen,
dann falte betend deine Hände,
auf daß dein Mund die rechten Worte fände.
Nein, deine Seele weiter nichts begehre,
als daß dein Herz dich stille schweigen lehre.
In solchem Augenblick, in solchen Stunden
ein heftig Wort kann gar zu sehr verwunden.
O lerne es — es ist des Höchsten Wille,
daß du, fällt es auch schwer, bleibst stille."

Als dann der Heilige Abend kam, da gestaltete er sich doch besser, als Henriette es erwartet hatte. Peter jauchzte über seinen Pferdestall und verlieh mit seinem Jubel dem Fest das richtige Gepräge der kindlichen Freude. Tante Henni hatte jedem ein Geschenk gemacht, und jeder staunte, wieso gerade sein sehnlichster Wunsch erraten worden war.

„So war es bei Mutter auch immer!" sagte Herbert, und dieses Wort war Henriettes größter Dank und schönstes Weihnachtsgeschenk. Wenn sie nur annähernd den Kindern die Mutter ersetzen konnte, dann glaubte sie die Richtung zur inneren gegenseitigen Verbundenheit eingeschlagen zu haben.

Der Professor selbst schien ergriffen von der festlichen Gestaltung des Abends und saß andächtig im Lehnstuhl, als Henriette das Weihnachtsevangelium aus der Bibel vorlas. Der Abend wäre ihr wertlos erschienen ohne die Ausführung dieses schönen alten Brauches. —

Ob es Herberts bestimmte Worte bewirkt hatten, daß Franziska tatsächlich zu Hause geblieben war und an der Familienfeier teilgenommen hatte? Und ohne ernste Eindrücke zu hinterlassen, war der Abend bestimmt auch nicht an ihr vorbeigegangen. Wie lange war es her, seitdem sie kein derartiges Weihnachtsfest mehr erlebt hatten...

Franziska wußte nicht, daß die Tante ihr noch eine besondere Überraschung zugedacht hatte. Als sie nach der Bescherung in ihr Zimmer kam, fand sie über ihrem Blumentisch an der Wand die wundervolle Vergrößerung einer Photographie ihrer Mutter. Es war ein Bild, das kurz vor dem Tode der Mutter angefertigt worden war. — Nun kam doch ein Gefühl der Beschämung über das junge Mädchen. Tränen traten in ihre Augen, als sie vor dem Bilde der Mutter stand, und zum erstenmal empfand sie, wie wenig sie die Güte und Liebe der Tante erwiderte.

Herbert Brenner hatte sich mit Ilse Marksebel verabredet. Das junge Mädchen stand auf dem Rotteckplatz und sah ungeduldig auf die Uhr. Schon fünf Minuten über die festgesetzte Zeit. Sie ärgerte sich — und konnte gleichzeitig eine gewisse Unruhe nicht verbergen. Was war nur in der letzten Zeit mit Herbert? Er kam ihr so verändert vor. In den letzten Monaten hatten sie sich nur ganz selten getroffen. Herbert entschuldigte sich immer mit Examensvorbereitungen. Sie glaubte nicht daran. Es war einfach anders geworden. Manchmal kam er ihr direkt unheimlich ernst vor, und sie konnte ein Gefühl des Unbehagens nicht los werden, wenn sein Blick so eigenartig prüfend auf ihr ruhte. — Wer oder was mochte dahinterstecken? Etwa ein anderes Mädchen? — Nein, sie gönnte den schönen Herbert Brenner keiner anderen. Sie wußte, wie neidisch ihre Schulkameradinnen auf sie waren. Da wäre manche gerne die Freundin des Professorensohnes gewesen — aber sie trat ihn nicht ab. — Wenn sie nur die Ursache der Veränderung gekannt hätte. — Wo blieb er nur heute? Zum Unglück kamen auch noch einige ihrer Klassenkameradinnen vorüber, unter ihnen Eleonore Klinghammer.

„Er kommt wohl nicht?" rief diese in spöttischem Ton herüber und kicherte dann mit ihren Freundinnen.

Ilse warf den Kopf in den Nacken. Am liebsten hätte sie ihnen eine giftige Antwort gegeben, aber sie biß sich verärgert auf die Lippen und drehte den Mädchen hochmütig den Rücken zu. Als Herbert endlich kam, fand er sie in denkbar schlechter Laune.

„Ich war gerade im Begriff, nach Hause zu gehen", schmollte sie, „es ist ein starkes Stück von dir, mich so lange warten zu lassen."

„Nanu, du bist ja so verärgert", entgegnete Herbert, „ich konnte wirklich nicht eher kommen."

„Es wird nicht lange dauern und dann kommst du überhaupt nicht mehr!" Sie wollte hören, was er darauf antworten würde. Aber er sagte seltsamerweise gar nichts dazu, was sie namenlos reizte, so daß sie ihn gekränkt anfuhr: „Wenn du willst, kann ich ja gleich gehen, du brauchst es nur zu sagen."

Herbert blieb stehen und sah sie an. „Hör mal, Ilse, seit wann bist du so launenhaft? Deine Gereiztheit ist grundlos, ich habe dir bereits gesagt, daß ich nicht vorher kommen konnte, weil ich noch eine wichtige Arbeit fertigmachen mußte." — Er versuchte einzulenken. — „Übrigens wollte ich dich fragen, ob du am nächsten Sonntag die Maitour nach dem Schauinsland mitmachst?"

Ilse atmete im stillen auf. Also war ihre Sorge doch unbegründet gewesen. Ihre Antwort war jedoch vorsätzlich gleichgültig gehalten. „Am nächsten Sonntag? — Mal überlegen. — Wer geht denn alles mit?"

Herbert nannte die Namen einiger seiner Klassenkameraden und deren Freundinnen.

„Ach, Ernst Hugo Woltz ist auch dabei? Ja, dann werde ich mich auch anschließen." Ilse wünschte, den Freund zu reizen. Sie spielte das leichtfertige Spiel, das zwischen so manchen jungen Leuten nicht nur Eifersucht entfacht, sondern schon oft böse Taten zur Folge hatte. Herbert aber blieb merkwürdig ruhig. Er sah das junge Mädchen mit jenem fragend forschenden Blick an, der ihr nun schon einige Male aufgefallen war und den sie so haßte. Vielleicht tat sie doch besser, einzulenken. So wechselte sie geschickt den Ton und plauderte leicht und lebhaft von dem Ausflug am kommenden Sonntag.

Ein strahlender Maitag grüßte die übermütige Schar junger Leute, die bewaffnet mit Rucksäcken und Bergstöcken von Güntherstal hinauf zur Schauinslandbahn marschierten. Die Frühlingssonne hatte den starren Frost besiegt, und wohin das Auge blickte, regte sich neues, hoffnungsfrohes Leben. Auch die wandernde Jugend hätte ein ungetrübtes Bild des Lebensfrühlings bieten können, wenn nicht bereits auf einigen Gesichtern wenn auch nur geringe, so doch für das geübte Auge wohl erkennbare Spuren von leichtsinnigem Leben zu lesen gewesen wäre. Es waren fast alles Söhne und Töchter aus guten Häusern — was man eben gut nennt —, junge Menschen, die Erziehung und Bildung genossen hatten, und doch war der zwischen ihnen herrschende Ton fast frivol — die Witze, die hin und her flogen, keinesfalls einwandfrei zu nennen. Ernste Lebensfragen schienen sie nicht zu interessieren. Wenigstens heute an diesem sonnendurchfluteten Maientag schienen sie sich grundsätzlich nicht mit solchen Dingen zu befassen. Die Art ihres Umgangs war aber keinesfalls so, wie man sie bei jungen Menschen findet, die in harmlos froher Weise gute Kameradschaft pflegen — dafür waren die Redensarten zu herausfordernd, die Blicke zu vielsagend. Junge Bäume, an deren Wurzeln bereits der Wurm nagt. —

Herbert Brenner gehörte zu dieser Gruppe und schien wiederum doch nicht zu ihnen zu passen. Nicht daß er sich besser gedünkt hätte wie die anderen, aber es war da mancherlei, was ihn abstieß, und dieses Gefühl hatte sich in letzter Zeit verstärkt. Die Freunde lächelten über ihn und nannten ihn, obgleich er sie alle um Kopfeslänge überragte, den Kleinen. „Er ist noch so rührend unschuldig", sagte Hasso Pfuhl, der Anführer, und lächelte vielsagend. War es Feigheit, daß Herbert sich nicht zurückzog, wo ihn doch so manches anwiderte, oder fand er doch mehr und mehr Gefallen an der Gesinnung dieser Freunde? — Er war sich selbst nicht recht klar darüber. In seinem Innern wogte noch so viel Unausgeglichenes, Schwankendes. Allerdings, in letzter Zeit schien es, als sähe er manches mit anderen

Augen an, und wenn er ehrlich war, so mußte er zugeben, daß es der Einfluß seiner Tante war, der das bewirkt hatte. Herbert war im Grunde seines Wesens ein besinnlicher Mensch. Gerade jetzt, während er mit den anderen wanderte, mußte er unwillkürlich an jene Unterredung im Autobus denken. Er sah die übermütigen Freunde, die lachenden Mädchen. — Wie hatte Tante Henriette gesagt? —
„... Ihr betrachtet das als Spielerei, was lebensbestimmend und von größtem Einfluß für eure Zukunft sein kann..."
Ja, so ähnlich war es wohl gewesen. Ob sie recht hatte?

Einer der jungen Männer begann einen Schlager zu singen: „Eine kleine Freundin braucht ein jeder Mann", und die anderen marschierten im Takt dazu, mitpfeifend oder singend. Es paßte so gut zu der allgemeinen Stimmung.

Ilse Marksebel, die heute zu den Übermütigsten gehörte, hing sich an Herberts Arm. „Du, was ist mit dir? Warum singst du nicht mit? Bist du deiner kleinen Freundin etwa überdrüssig?" Sie drängte sich im Weitergehen an ihn und stellte mit Genugtuung fest, daß sie noch immer eine gewisse Macht auf den Freund ausübte.

„Du", flüsterte sie, „wenn du nicht bald ein bißchen nett zu mir bist, dann stürze ich mich aus der Schauinslandbahn in die Tiefe. Dann hast du mein junges Leben auf dem Gewissen."

Ilse Marksebel war ein hübsches Mädchen, sie wußte, daß ihr Freund der Glut ihrer dunklen Augen schlecht widerstehen konnte. Sie kleidete sich schon jetzt fast raffiniert. Es brauchte ihr niemand zu sagen, daß das leichte, enganliegende Sportkleidchen ihr gut stand. Es war alles Berechnung an dem zierlichen Persönchen, und sie triumphierte innerlich, als Herbert ihren Arm drückte und ihren Blick wieder einmal so wie früher erwiderte. Noch ist er mir nicht ganz entglitten, dachte sie, und ich werde schon Wege finden, ihn fester an mich zu ketten. Ein unruhiges

Flackern lag in ihren Augen, und sie hatte jetzt so gar nichts an sich von dem, was die Würde und Zierde eines jungen Mädchens ist.

Herbert aber versuchte die „sentimentale Anwandlung", die so oft in letzter Zeit über ihn gekommen war, energisch abzuschütteln. Unsinn — wozu war man jung und lebte im Mai des Lebens? — Nein, er wollte kein Kopfhänger werden, auch er wollte genießen. — Die Tante konnte ihm schließlich nicht ihre Ansichten aufdrängen. — Wenn er nur nicht so von der Richtigkeit ihrer Meinung überzeugt gewesen wäre — und gegen diese Erkenntnis anzugehen, war fast unmöglich. — So wogte und kämpfte es im Innern des jungen Mannes, und obgleich er nun mit einstimmte in die leichten Gesänge und Scherze der Freunde, wollte es in ihm doch nicht zur Ruhe kommen. Immer wieder zog er Vergleiche und kam zu keinem Entschluß.

Herrlich war die Fahrt in der Drahtseilbahn. Höher und höher trug sie der kleine gondelartige Wagen. Unwillkürlich waren die jungen Leute während der Fahrt stiller geworden und der laute, übermütige Ton verstummt. Ob sie wohl alle an das Unglück dachten, das vor wenigen Jahren hier geschehen war? Aus schwindelnder Höhe war einer dieser kleinen Wagen in die Tiefe gestürzt. Die beiden Fahrgäste, Amerikaner, die ein paar Augenblicke vorher noch hingerissen von der Schönheit der Bergwelt den Ausblick genossen hatten, sowie der Führer des Wagens hatten den Tod dabei gefunden. Langwierige Untersuchungen folgten, Reparaturen und kostspielige Verbesserungen wurden vorgenommen, und dann hieß es: nun sei ein derartiges Unglück vollkommen unmöglich. Aber es fuhr wohl niemand die Strecke, ohne sich dieses Ereignisses zu erinnern und mit gemischten Gefühlen in die Tiefe zu blicken.

Den jungen Leuten ging es nicht anders. Schrecklich, zu denken, daß sich plötzlich der Wagen von dem Seil lösen oder irgend etwas in dem Organismus versagen könnte und sie alle mit in die Tiefe gerissen würden. Entsetzlich, sich das vorzustellen. Nein, noch waren sie jung, sie wollten etwas im Leben erreichen, wollten leben und genießen! — Eines der jungen Mädchen versuchte energisch die drückende Stimmung zu beseitigen: „Ihr seid alle plötzlich so unheimlich stille, was ist nur in euch gefahren?" Und als sie gleich darauf anfing zu singen: „Freut euch des Lebens, weil noch das Lämpchen glüht", da empfanden es alle wie eine Befreiung und stimmten gerne mit ein.

Und dann waren sie oben und standen auf dem Gipfel des Berges wie in einer neuen Welt. Da mußten sie ihrem Entzücken und ihrer Bewunderung Ausdruck geben: „Ach seht doch diese herrliche Aussicht! Seht doch, wie der Schwarzwald sich dort drüben ausbreitet! Und dort die Vogesen, dort der Rhein, wie ein breites Silberband glänzt er in der Sonne, und dort hinten! Seht nur die Schneeberge, ganz deutlich heben sie sich hervor!" —

Ja, das war wirklich ehrliche Bewunderung und echte Freude am Schönen. Selbst die Oberflächlichsten wurden mit hineingerissen in den Bann der Naturschönheit. Aber es war nur eine Stimmung, die im nächsten Augenblick verflog. Neue Wünsche wurden laut: „Kinder, nun aber los, laßt uns einen Lagerplatz suchen. Aber eine flache Wiese muß es sein, daß man tanzen kann. Heini hat ja sein Koffergrammophon mit und ein paar gute Tanzplatten. Aber erst mal essen und sich ein bißchen aalen."

Bald hatte man sich gelagert. Die Rucksäcke wurden ausgepackt, Zigaretten herumgereicht, und es dauerte gar nicht lange, da liefen die Schallplatten und die Paare drehten sich im Tanze.

Herbert Brenner saß bei den Freunden und fühlte sich plötzlich so fremd zwischen ihnen wie nie vorher. Wie war es möglich, sich inmitten dieser unbeschreiblich schönen

Natur so aufzuführen? Konnte diese erhabene Pracht anders als schweigend genossen werden? Jeder Ton schien ihm ein störender Mißklang zu sein, besonders aber dieses ausgelassene, ja unflätige Benehmen.

Von jeher hatte die Bergwelt einen starken Einfluß auf ihn ausgeübt. Er hätte es nicht erklären können und keinen Namen dafür gefunden, was dann mit solcher Macht über ihn kam und ihn wie etwas unsagbar Mächtiges, Bezwingendes erfüllte und doch wieder so weich stimmte, daß er sich vorkam wie ein kleines hilfloses Kind diesem Gewaltigen gegenüber. In solchen Augenblicken zwang es ihn, an Gott zu denken, und es stieg ein fast kindlicher Wunsch in ihm auf, die Hände zu falten und beten zu können. Er ahnte, wenn es einen Gott gab, dann mußte er hier in der unberührten Schönheit der Berge ganz nahe sein. Genauso hatte er empfunden, als er vor einigen Jahren zum erstenmal an der Nordsee gestanden und das überwältigende Schauspiel von Ebbe und Flut erlebt hatte. Ähnlich ging es ihm auch, wenn er von den Klängen guter Musik in den Bann gezogen wurde. Da mußten doch irgendwelche Zusammenhänge sein. „Ich bin nicht fromm", hatte er damals seiner Tante geantwortet, als sie ihn mit ernsten Worten ermahnt hatte, und doch fühlte er so deutlich, daß zwischen allem Schönen, Harmonischen und Gott enge Zusammenhänge sein müßten. —

Und da war es den andern möglich zu johlen, zu tanzen und sich wie unsinnig zu gebärden? Herbert stand auf und ging zurück auf den Platz, wo man vorher den prachtvollen Weitblick genossen hatte. Wie ein Gemälde von Künstlerhand geschaffen lagen die Täler des südlichen Schwarzwaldes vor ihm mit dem prachtvollen Hintergrund der verschiedenen Bergketten. War es möglich, daß man in dieser Atmosphäre anders als edel und gut dachte und handelte? Herbert fühlte sich wieder einmal tief ergriffen und beeindruckt von dem Geheimnisvollen, was ihm nun schon wiederholt begegnet war.

Er wurde plötzlich auf nahende Schritte aufmerksam. Sollte Ilse Marksebel ihm gefolgt sein? Er hätte ihre Nähe jetzt geradezu als eine Störung empfunden. War das nicht auch ein direkter Widerspruch? Dieses Mädchen wollte ihm Freundin und noch mehr als das sein, und doch verband ihn tief innerlich nichts mit ihr...

Nein, sie war ihm nicht nachgekommen. Ein älterer Herr und zwei junge Mädchen, anscheinend seine Töchter, waren herzugetreten. Letztere trugen Rucksäcke und in der Hand Bergstöcke. Die Jüngere schien noch ein Schulkind zu sein, zwei lange, braune Zöpfe hingen über ihren Rücken, während die Ältere das blonde Haar schlicht gescheitelt und kurz geschnitten trug. Beide Mädchen trugen einfache Waschkleider.

„Vater, der Aufstieg hat sich gelohnt", wandte sich die Ältere an den Herrn, „das ist wie ein Geschenk!" Die Kleinere, etwa Fünfzehnjährige, sagte nichts, aber aus ihren Augen strahlte die Freude an all dem Schönen rings um sie her wie ein heller Schein. Sie schmiegte sich an den Vater, und dieser legte den Arm um ihre Schulter. Da mußte gegenseitiges inniges Verstehen sein. Es war ein schönes Bild.

Herbert Brenner stand hinter einer Fichte halb verborgen. Er nahm auch dieses neue Bild der Harmonie in sich auf. „Das ist ein Geschenk!" Merkwürdig, die Worte verließen ihn nicht. Nur widerwillig ging er zurück zu den Freunden, die noch immer lärmten und sich auf ihre Art vergnügten. Plötzlich vermochte er nicht weiterzugehen. War das Ilse Marksebel, die dort eng an Hasso Pfuhl gelehnt, mit einer Zigarette im Munde im Grase lag? Und so — so ließ sie sich von diesem Pfuhl umfassen?

„Sorge dafür, daß ihr bis an euer Lebensende mit gegenseitiger Achtung an die Zeit eurer jungen Liebe zurückdenken könnt." — Waren das nicht wieder Worte, die Tante Henni ausgesprochen hatte? Wie seltsam, daß sie ihn bis hierher verfolgten. Das Bild, das sich seinen Augen bot, erfüllte ihn so mit Abscheu und Widerwillen, daß es wie Ekel in ihm aufstieg.

Ilse Marksebel hatte ihn keinen Augenblick aus den Augen verloren. Ohne ihre Haltung zu verändern, rief sie ihm zu: „Ich wundere mich, daß du wieder zurückkommst, du scheinst dich da drüben gut unterhalten zu haben! Warum stellst du uns deine neue Bekanntschaft nicht vor?"

Ah, jetzt begriff Herbert, und ihr Benehmen mit Hasso sollte ein Racheakt ihm gegenüber sein. Nein, jetzt konnte er nicht mehr. Mochten sie über ihn denken, was sie wollten, es ekelte ihn an. Wortlos beugte er sich zur Erde, nahm seinen Rucksack und stieg bergab. Kein Schatten sollte das schöne Erlebnis dieses Tages trüben.

Ilse Marksebel aber sprang auf und starrte ihm mit entsetzten Augen nach. Sie wußte, sie hatte Herbert Brenner verloren.

Fräulein Brenner und Auguste saßen im Wohnzimmer beisammen; sie waren mit dem Anfertigen von Bettwäsche beschäftigt. Jede der beiden Frauen ging ihren eigenen Gedanken nach.

Plötzlich lachte Henriette hell auf. Die alte Haushälterin blickte erstaunt über ihre Brille und wunderte sich über das Fräulein. „O Auguste", rief diese noch immer lachend. „Sie wollten uns doch längst verlassen, und nun arbeiten wir schon über ein Jahr zusammen und Sie sind noch immer hier."

Die gute Alte stimmte herzhaft in das Lachen ein. „Ja, Fräulein, das habe ich mir auch nicht träumen lassen, aber so ist's halt manchmal im Leben. Damit wir uns aber beide darüber klar sind: solange das Fräulein Brenner bei Professors ist, bleibt die alte Schmalzbachen auch."

Da streckte Henriette ihr die Hand entgegen. „Gute Auguste, wenn Sie wüßten, wie ich Sie schätze — nein, nein, weinen dürfen Sie nicht — es ist in Wirklichkeit so, Sie sind mir treu zur Seite gestanden, ganz besonders in der ersten Zeit, wo es mir ziemlich schwerfiel, mich an all das Neue zu gewöhnen. Ich bin Ihnen sehr dankbar."

Die Alte nestelte umständlich ihr großes Taschentuch aus der Schürzentasche, und es dauerte eine ganze Weile, bis sie ihre Bewegung meistern konnte. Es war ihr nicht oft begegnet, daß sich jemand für ihre Dienste bedankt hatte. Gewöhnlich hatte man ihre Pflichterfüllung als etwas ganz Selbstverständliches hingenommen. Sie wurde ja schließlich dafür bezahlt. Aber Fräulein Brenner, die wußte, wie es einem manchmal zumute war, und wie wohl einem ein gutes Wort tat. — Und Auguste überlegte, was sie tun könnte, um ihr eine Freude zu machen. Plötzlich kam ihr ein Gedanke. So, als habe sie sich schon längst damit beschäftigt, sagte sie: „Das Ruthle ist eigentlich noch immer recht elend."

„Das Kind macht mir ernstlich Sorge", erwiderte Henriette, „trotz aller Mühe, die man sich mit ihrer Pflege gibt, will sie nicht kräftiger werden. Nun hat sie schon wieder wochenlang in der Schule gefehlt, und obgleich ich sie täglich, soweit es ihr Gesundheitszustand erlaubt, selbst unterrichtete, fürchte ich doch, daß es für sie schwer sein wird, mit ihrer Klasse Schritt zu halten. Aber schließlich ist das nicht das Wichtigste, wenn sie nur nicht so elend wäre."

„Ich meine immer, Luftveränderung würde ihr sicher gut tun."

„Ja, das sagte der Arzt das letztemal auch. Wenn ich nur wüßte, wen wir mit ihr fortschicken könnten. Wenn Franziska zuverlässiger wäre!"

„Franziska!" wiederholte Auguste in wegwerfendem Ton. Sie war dem jungen Mädchen noch immer nicht hold gesonnen. „Aber ich wüßte jemand, Fräulein Brenner."

Henriette blickte sie fragend an. „Wen denn?"

„Sie!" Auguste strahlte über das ganze runde Gesicht. „Sie, Fräulein Brenner, fahren mit dem Ruthle, und zwar zu Ihrer Tante ins Erzgebirge. Vier oder fünf Wochen werde ich schon fertig werden. Die drei Männer hier im Hause sind erträglich — und die Fränzi — na, ich weiß ja, daß Sie wiederkommen!"

Henriette schaute das alte Mädchen eine Weile sprachlos an. Dann aber zog ein heller Freudenschein über ihr Gesicht. „Aber Auguste, wie kommen Sie denn auf diese Idee?"

„Ja", lachte diese verschmitzt, „die alte Schmalzbachen hat manchmal solche Einfälle."

Jetzt aber wurde Henriette ganz lebendig. „Herrlich wäre es, herrlich — denken Sie doch, ein paar Wochen im alten Pfarrhaus, in meiner Kinderheimat, wo jeder Baum und Strauch mir eine Geschichte aus früherer Zeit erzählt."

Davon verstand die Auguste zwar nichts, sie hatte noch nie einen Baum gesehen, der sprechen konnte, aber es genügte ihr vollkommen, daß es ihr gelungen war, ihrem guten Fräulein eine Freude zu machen.

„Wie ein Kind hat se sich gefreut", flüsterte sie vor sich hin, als sie nun in die Küche ging, um das Abendessen vorzubereiten. „Kein Mensch sieht ihr an, daß sie schon über dreißig ist, wenn se solche glänzende Augen macht."

Henriette aber saß über ihrer Arbeit, und es war ihr tatsächlich wie einem Kind zumute, das jeden Augenblick das Öffnen der Türe zum Weihnachtszimmer erwartet. Nach Hause dürfen, ein paar Tage sich selbst besinnen, neue Kräfte sammeln, neue Freude durch ein paar Wanderungen mit dem noch immer regen und lebensbejahenden Onkel, vor allen Dingen aber der Gedankenaustausch mit der Pflegemutter, damit würden die Tage ausgefüllt sein! Und wie würde diese Zeit der kränklichen Ruth gut tun. Übrigens konnte sie Peter auch mitnehmen. Platz genug war im Pfarrhaus. Ihr Bruder war sicher damit einverstanden. Die Freude auf die Ferienwochen erfüllte Henriette so, daß sie das Bedürfnis hatte, andern davon mitzuteilen.

Einen Augenblick später steckte Franziska den Kopf ins Zimmer herein. „Ist Herbert hier?"

„Nein", erwiderte die Tante, „aber komm doch ein Weilchen zu mir, ich möchte dir etwas sagen." Sie erzählte begeistert von dem neuen Plan. „Eben kommt mir der Gedanke, du könntest, da die Ferien doch dieser Tage beginnen, uns nach Stollberg begleiten. Ich fände es so schön, wenn du Onkel und Tante Winter und ebenfalls mein Kindheitsparadies kennenlerntest." Henriette hatte mit Wärme gesprochen, es war ihr, die Atmosphäre des erzgebirgischen Pfarrhauses würde ganz gewiß auch auf die so schwer zu lenkende Franziska einen guten Einfluß ausüben.

Diese aber hob abwehrend die Hände. „Ich bitte dich, verschone mich, ich habe keineswegs so paradiesische Gelüste. Und deinen Leuten bin ich bestimmt nicht fromm genug. Nein, Tante Henni, ein Pfarrhaus ist nichts für mich. Außerdem gedenke ich mit Klinghammers nach Wiesbaden zu fahren. Ich habe bereits zugesagt."

„Aber Fränzi, davon weiß ich ja gar nichts."

„Ich habe es dir ja eben gesagt."

„Hast du denn mit Vater darüber gesprochen?"

„Pah, das ist früh genug, wenn er mir das nötige Kleingeld geben muß."

„Aber Kind, ich verstehe dich wirklich nicht."

„Das ist mir nichts Neues, wir beide werden uns wohl nie verstehen. Doch ich glaube, ich höre Herbert kommen."

Gleich darauf trat der junge Mann ein. „Ach hier steckst du, Tante, ich habe dich schon überall gesucht. Hier ist das Buch, das du lesen solltest. Ich bin gespannt auf dein Urteil. Mir sagt es sehr zu."

Franziska unterbrach den Bruder. „Herbert, ich soll dir dieses abgeben." Sie reichte ihm einen rosa Briefumschlag.

„Von wem?"

„Na, von wem denn? Das wirst du wohl selbst wissen."

Herbert konnte es nicht verhüten, daß ihm das Gesicht rot anlief. Eine Zornesfalte stand auf seiner Stirne. Unmutig warf er den Brief auf den Tisch. „Den kannst du gleich wieder mitnehmen. Ich will nichts mehr damit zu tun haben."

„Das kannst du deiner Freundin selbst beibringen. Ich bin doch nicht euer Laufbursche."

Franziska verließ das Zimmer. Henriette war von dem kleinen Vorfall unangenehm berührt. Aber sie blieb still. Herbert stand am Fenster und trommelte verärgert mit den Fingern auf die Scheiben. Nun waren Wochen seit jener Maitour vergangen. Er war endgültig fertig mit Ilse Marksebel, aber das aufdringliche Mädchen lief ihm direkt nach. Durch alle möglichen Personen steckte sie ihm Briefe zu, in denen sie flehentlich um Wiederaufnahme der alten Beziehungen bat. Sie wartete am Schulausgang und an den Straßenecken auf ihn, und obgleich er ihr einmal in beinahe grober Weise gesagt hatte, daß er kein Interesse mehr an ihr habe, stellte sie ihre Werbeversuche nicht ein. Er ärgerte sich maßlos über sie. Was sollte er nur tun, um sie loszuwerden? Mit einem scheuen Blick streifte er die Tante. Ob er sich ihr anvertraute? Kurz entschlossen zog er einen Stuhl in ihre Nähe. „Tante Henni, ich muß mit dir sprechen."

Henriette blickte ruhig auf. „Ja?"

Und nun erzählte Herbert den Vorgang auf dem Schauinsland. Er sprach von seinen Beobachtungen, seinem Widerwillen gegen das Benehmen des jungen Mädchens und seinen vergeblichen Bemühungen, sie loszuwerden. Henriette hörte ruhig zu, ohne ihn zu unterbrechen. Es sprach noch soviel Unbeholfenheit, soviel Ungeklärtes aus den Worten des Neffen, aber es schien ihr, als ob die Unterredung, die sie damals mit ihm über diese Angelegenheit gehabt hatte, nicht vergeblich gewesen war. Nun galt es, ihm weiterzuhelfen. Nachdem sie Herbert hatte aussprechen lassen, fuhr sie, seinen Gedankengang aufnehmend, fort: „Und nun willst du dieses Mädchen wieder los sein und empörst dich darüber, daß sie dich weiter belästigt. Ich freue mich, Herbert, daß du so offen zu mir gesprochen hast, nun erlaubst du mir das gleiche, ja? Sieh, gerade diese Einstellung scheint mir unverantwortlich. Man beginnt ein Freundschaftsverhältnis mit einem jungen Mädchen, trifft sich wiederholt mit ihr, macht ihr gewisse Hoffnungen, selbst wenn diese nie in Worten ausgesprochen wären, spielt ein oberflächliches Spiel, und wenn man der Sache überdrüssig ist, dann will man den unbequemen Partner einfach los sein."

„Aber Tante", unterbrach Herbert sie jetzt beinahe entrüstet, „nun versteh ich dich wirklich nicht. Obgleich du direkt nie etwas gegen Ilse Marksebel gesagt hast, habe ich doch genau gemerkt, daß sie dir nicht sympathisch war und daß du unsere Freundschaft nicht billigtest. Und nun sprichst du so?"

„Du hast recht", fuhr Henriette fort, „Ilse Marksebel schien mir nie das passende Mädchen für dich zu sein, besonders wenn ich mir vorzustellen versuchte, daß sie einmal deine Frau werden sollte — und ich bin sehr froh, daß du selbst zu der Einsicht gekommen bist, daß der Umgang mit ihr und ihresgleichen nicht fördernd für dich ist. Aber, nun komme ich auf unser Thema von damals zurück, ich bin fest davon überzeugt, daß sie sich Hoffnungen für die Zukunft gemacht hat und unter deinem veränderten Wesen ihr gegenüber leidet. Für dich war es eine Spielerei, sie aber scheint in eurem Verhältnis mehr gesehen zu haben, sonst würde sie dich nicht immer belästigen. Du hast recht, es ist Zeit, daß du dich von diesem Mädchen lossagst, aber ich meine die Art, wie du es tust, ist nicht die richtige."

„Ich habe ihr gesagt, daß ich mit ihr fertig sei."

„Und was für Gründe hast du angegeben?"

„Gründe? — Tante — liebe Zeit, ich kann ihr doch nicht sagen, daß die ganze Art, wie sich diese Mädchen uns gegenüber benehmen, anfängt mich anzuwidern, und wenn ich ehrlich sein will, muß ich zugeben, daß wir Jungens selbst nicht schuldlos sind. Wir spielen eben mit und haben Gefallen daran. Ich weiß nicht, wie es kommt, dies alles ekelt mich auf einmal an, und ganz besonders wurde mir das an unserem Ausflug, auf dem Schauinsland klar. Ich war wie berauscht von der Schönheit der Bergwelt, das kam mir alles so — ich weiß kaum es zu benennen, so erhaben, so sauber, so unberührt vor, und da bedurfte es gar keiner großen Erwägung und Bedenken, ich war einfach fertig mit dieser Art, ich empfand buchstäblich Ekel davor. Aber Tante, niemals könnte ich zu Ilse Marksebel darüber sprechen, sie würde es nicht verstehen. Es ist bestimmt so am besten, daß ich ihr klipp und klar gesagt habe, ich sei fertig mit ihr."

„Herbert, ich finde das feige!"

„Tante Henni!"

„Ja, höre mir zu. Hast du nicht eben selbst gesagt, wenn du ehrlich sein wolltest, müßtest du zugeben, daß ihr jungen Männer ebenfalls an der Art eures Verhältnisses mit den Mädchen schuld seid. So sei doch ehrlich und gib zu, und gerade dieser Ilse Marksebel gegenüber ist es deine Pflicht, offen und ehrlich zu sein. Wenn du es ihr nicht sagen kannst, so schreibe es ihr, teile ihr aufrichtig deine Ansicht mit und gib auch deine Schuld zu. Glaube mir, du wirst dem Mädchen zu einer gänzlich neuen Erkenntnis verhelfen."

„Niemals, Tante Henni, ein solcher Brief würde mich unmöglich machen. Sie wäre imstande, ihn ihren Freundinnen und meinen Kollegen zu zeigen. Ich wäre blamiert und stände unsagbar lächerlich da."

„Du armer Junge!"

Jetzt wurde Herbert ärgerlich: „Tante, du wirst ironisch."

„Nein, Herbert, es ist mein voller Ernst. Du bist so lange ein armer, bedauernswerter Mensch, bis du gelernt hast, über der Meinung der andern zu stehen. Willst du ein Sklave ihrer Ansichten bleiben? Du hast dich nicht gescheut, vor ihnen dieses oberflächliche Spiel zu treiben, nun habe auch den Mut, dich zu deiner neuen Erkenntnis zu stellen, selbst wenn du ein wenig Spott über dich ergehen lassen mußt. Im Grunde ihres Herzens werden sie Achtung vor dir empfinden, am meisten aber Ilse Marksebel."

Henriette schwieg — und auch Herbert saß in Gedanken versunken da. — Endlich antwortete er, und es war wie ein Geständnis: „Ich glaube, daß du recht hast, Tante, aber es ist unmöglich, ich kann das nicht schreiben."

„Sorge dafür", fuhr die Tante fort, „daß du dir nicht einmal bittere Vorwürfe machen mußt. Ich erinnere mich an ein Geschehnis in Stollberg, wo ich meine Kinder- und Jungmädchenzeit verlebte; da waren auch zwei junge Leute, die in einem derartigen Verhältnis zueinander standen. Eines Tages ließ der junge Mann das Mädchen fahren und fand es nicht nötig, ihr einen triftigen Grund zu nennen. Er war eben dieses Spieles überdrüssig geworden und suchte nach einer andern Zerstreuung. Das Mädchen aber nahm sich die Sache sehr zu Herzen, zeigte aber niemand, wie sie darunter litt. Ihm zum Trotz suchte sie neue Verbindungen und galt bald im ganzen Ort als das oberflächlichste, leichtsinnigste Mädchen. Heute ist sie eine Dirne. Der junge Mann heiratete später ein anständiges Mädchen und ist jetzt ein angesehener Geschäftsmann. Ich kann mir aber nicht denken, daß er seines Lebens recht froh ist, wenn er sich an das arme Mädchen erinnert, dessen Untergang er auf dem Gewissen hat. Vielleicht wäre es nicht so weit gekommen, wenn er den Mut gehabt hätte, ein offenes Wort mit ihr zu sprechen, ihr die Gründe seiner Handlungsweise klarzumachen, wenn er der Überzeugung war, daß sie nicht zueinander passen. Heute ist das Mädchen krank an Leib und Seele."

Herbert war aufgestanden und ging im Zimmer unruhig auf und ab. Schließlich blieb er vor Henriette stehen: „Tante, es ist nicht leicht, immer das Rechte zu tun!"

„Das ist wahr", erwiderte sie, „wenn du aber dahin kommst, dich innerlich durch das Gute leiten zu lassen, dann werden sich diese Rätsel ganz von selbst lösen. Das ist die Macht des Christentums, von dessen Notwendigkeit du noch immer nicht überzeugt bist."

„Als ich die Maitour machte und von der Bergeshöhe das wundervolle Landschaftsbild betrachtete, da schien es mir selbstverständlich, daß es ein höheres Wesen geben müsse; aber es fällt mir schwer, zu glauben, daß Gott sich um den Kleinkram im Alltag eines Menschenlebens kümmern soll."

„Das ist ja gerade das Große an Gott."

In diesem Augenblick wurde Henriette von Auguste gebeten, zu ihr in die Küche zu kommen, weil sie eines Rates bedurfte. Herbert aber blieb im Wohnzimmer zurück. Das soeben Besprochene beschäftigte ihn stark. Er fühlte, hier waren ernste Fragen des Lebens, die sich nicht mit einer Handbewegung abtun ließen.

In Stollberg saß Frau Winter in ihrem Lehnstuhl am offenen Fenster im Erker ihres Wohnzimmers und konnte es kaum erwarten, bis ihre Gäste kamen. Richtig Herzklopfen hatte sie, und Johanna, die alte Magd, die schon seit mehr als dreißig Jahren im Pfarrhaus treue Dienste leistete, schaute von Zeit zu Zeit besorgt zu ihr herein.

„Nein, wie Sie aber heute aussehen, Frau Pfarrer, ganz erschreckend blaß, ich sag's ja immer, auch die Freude taugt oft nichts."

„O Johanna", wehrte die Pfarrfrau lächelnd, „so schlimm ist es gar nicht, und übrigens sieht man dir die Freude auch von weitem an."

„Na ja, wenn doch das Hennche kommt!" Und sie lief ans Küchenfenster, um mindestens zum zwanzigsten Male auszuschauen, ob sie denn noch immer nicht kämen.

Ein frisches, lebhaftes Mädchen von etwa siebzehn Jahren betrat das Wohnzimmer. Adelheid Weinberg, die seit einem halben Jahr als Haustochter und zur persönlichen Betreuung von Frau Winter da war. „So, jetzt ist alles bereit, Frau Pfarrer, die Gäste können kommen", sagte sie.

„Das ist recht, Heidi. Hast du auch den Rosenstrauß in das Zimmer meiner Pflegetochter gestellt, und für die Kinder die Spielsachen aus der Bodenkammer geholt?"

„Ja — und dabei habe ich mich fast darin verloren. Johanna fand mich mit der großen Puppe auf dem Schoß im Kinderstühlchen sitzend ganz vertieft in eins der Geschichtenbücher. ‚Nu is der Kindergarten ja fertig!' schimpfte sie los und schlug empört die Türe hinter sich zu. Da bin ich denn ganz erschrocken hochgefahren und die Treppe hinuntergerannt, aber sie ist mir schon wieder gut, ihr Groll hält gewöhnlich nicht lange an."

Frau Winter lachte hell auf. „Ja, ja, unsere Johanna! Aber ich bin froh, daß du sie verstehst und ihre Eigentümlichkeiten nicht verübelst."

„Ach nein, ich weiß doch, daß unter der rauhen Schale ein guter Kern steckt. Sie hat wirklich ein treues Herz, die Johanna. Sie hat mir dann gestanden, daß sie nur in Sorge gewesen sei, ich würde die Puppe zerbrechen. ‚Es is doch noch vons Hennche', sagte sie, und dabei standen ihr die dicken Tränen in den Augen."

„Ja, sie hängt sehr an unserer Pflegetochter und betrachtet die Spielsachen aus deren Kinderzeit wie Heiligtümer. Doch horch! — Ich glaube — tatsächlich! Sie kommen! Sie kommen!"

Ein Auto hielt vor dem Haus. Da stand die alte Johanna auch schon auf der Straße. Ihre frische weiße Schürze war nur flüchtig zugebunden, ein Träger schleifte über den Boden. Ihre unvermeidliche Haube, von der sie sich trotz des Spottes ihres alten Herrn nicht trennen konnte, hatte sie in der Aufregung verkehrt aufgesetzt, so daß die perlenbesetzte Rose auf dem Hinterkopf thronte. Sie achtete weder auf den Pfarrer, der Ruth auf seinen starken Armen ins Haus trug, noch auf Peter, der ein wenig ängstlich die Hand der Tante festhielt. Sie sah nur ihr „Hennche". Vor Freude weinend zog sie Henriette in ihre Arme und rief ein über das andere Mal: „O mein gutes Kind, mein allerliebstes Hennche, gottlob, daß ich dich wiederhab!"

Peter, der bei dieser stürmischen Begrüßung zwischen die Tante und die behäbige alte Magd geraten war, bekam es mit der Angst zu tun. Luftschnappend versuchte er sich aus seinem Gefängnis zu befreien, und als ihm das nicht gleich gelang, schlug er mit den Fäusten auf Johanna ein, so daß Tante Henni ihn erschrocken zurückzog.

„Aber Peter, was machst du denn da?"

„Sie macht dich ja tot", schrie der Kleine aufgeregt, „sie ist ja so dick und zerdrückt dich ganz mit ihren großen Händen! Was will sie denn von dir? Sieh nur, wie dein Hut ganz verknautscht ist."

Henriette hatte Mühe, den kleinen Mann zu beruhigen. „Das ist doch die gute Johanna, von der ich euch schon oft erzählt habe."

„Aber deswegen braucht sie dich doch nicht totdrücken."

Nun mußte die alte Magd durch ihre Tränen hindurch lachen. Sie streichelte dem entrüsteten Peter über das Gesicht. „So is recht, so is recht, tu du ihr nur immer beschützen."

Endlich war es möglich, ins Wohnzimmer zu gelangen, wo der Onkel bereits die blasse Ruth fürsorglich in die Sofaecke gebettet hatte. Mit einem Blick nahm Henriette das liebe alte vertraute Bild in sich auf. Das heimatliche Wohnzimmer mit den gediegenen alten Möbeln, den wenigen, aber ausgesuchten Bildern an den Wänden, die immer etwas schleppende alte Wanduhr, den großen Kachelofen, vor allem aber den blumengefüllten Erker mit dem Lehnstuhl der Tante, und darin sie selbst, die beste aller Pflegemütter, Frau Winter. —

Und dann begannen wahre Festtage, nicht etwa gekennzeichnet durch außergewöhnliche Mahlzeiten, wo man in allerlei Genüssen schwelgt — es ging alles seinen gewohnten Gang im Stollberger Pfarrhaus. Der Ton der Güte und gegenseitigen Rücksichtnahme, die Hochachtung, die einer dem andern entgegenbrachte, das ständige Bedürfnis, einander Freude zu bereiten, das alles gab auch dem eintönigsten Alltag, wenn es überhaupt einen solchen im Pfarrhause gab, ein festliches Gepräge.

„Bei euch meint man, es sei jeden Tag Sonntag", stellte Ruth schon am dritten Tage fest.

Henriette hörte dies, und etwas wie Traurigkeit wollte sich auf ihr Herz legen. — Nun versuchte sie es bereits ein Jahr in dem Hause ihres Bruders, eine derartige Atmosphäre zu schaffen, und jetzt mußte dieses Kind schon in den ersten Tagen einen Unterschied feststellen.

Tante Winter mit ihrem feinen Verständnis spürte sofort, was im Herzen ihrer Pflegetochter vor sich ging. Als Adelheid kurz darauf mit Ruth und Peter in den Garten ging, fragte sie in ihrer mütterlichen, liebevollen Art: „Bist du schon mutlos?"

Im ersten Augenblick konnte Henriette kein Wort erwidern. Es war ergreifend, wie die Pflegemutter um ihre innersten Nöte wußte, ohne daß sie ein Wort darüber verloren hätte.

„Vergiß nicht, daß du erst ein Jahr in deinem neuen Pflichtenkreis stehst", fuhr die Tante fort.

„Ein Jahr kann unter Umständen eine lange Zeit sein."

Frau Winter faßte die Hand ihrer Nichte. „Eine Mutter muß warten können, Henni!"

Eine Weile war es still zwischen den beiden Frauen, dann fuhr die Pflegemutter mit bewegter Stimme fort: „Ich hatte immer gehofft, daß dir einmal das große Glück, selbst Mutter zu werden, zuteil würde. Du schienst mir dafür bestimmt zu sein. Ich weiß es noch so gut, wie du, selbst noch als kleines Mädchen, in den ersten Schuljahren mir das Haus voll kleiner Kinder brachtest. Ein ganz Kleines im Kinderwagen war dein hellstes Glück, und wenn man dich fragte, was du werden wolltest, dann gab es nur eine Antwort: ‚Mutter', und recht viele Kinder wolltest du haben. — Nun ist es so ganz anders gekommen, als wir es alle meinten und wünschten, und dennoch bist du Mutter geworden, stellvertretende Mutter, und dieses Amt ist oft viel schwerer. Übrigens wird jede echte Frau auch eine echte Mutter sein, selbst wenn sie nie ein eigenes Kind hat. Mütter aber erleben nicht nur Freude, sondern tragen ihr Leben lang auch Lasten, und unter ihren Kindern wird immer ein Sorgenkind sein. Deswegen dürfen sie aber nicht mutlos werden, da heißt es Jahr um Jahr warten können. Wenn Gott dir nun ein solches Amt anvertraut hat, wenn er dir die Verantwortung einer Mutter übergibt, und das ist gewißlich ein Ehrenamt, dann traue ihm zu, daß er dich auch mit den nötigen Fähigkeiten ausrüstet."

„Es ist nicht leicht, erfolglos zu arbeiten", unterbrach Henriette jetzt die Tante.

„Ob du wohl ein Recht hast, so zu sprechen?" —

Jetzt wurde die Türe aufgerissen und Peter stürmte herein. Er warf die Arme um Henriettes Hals: „O Tante Henni, ich hatte auf einmal so schreckliche Angst, daß du nicht mehr hier wärst. Nicht wahr, du gehst nicht fort?"

„Aber Liebling, ich denke ja nicht daran, mach dir nur keine Sorgen!" Henriette küßte den kleinen Blondkopf.

„Sprichst du noch immer von erfolgloser Arbeit?" fragte Frau Winter, als das Kind wieder beruhigt davongesprungen war. „Gibt es etwas Größeres und Schöneres, als das Vertrauen eines solchen Kindes zu besitzen? Und wenn du an Unebenheiten in deinem Familienkreis denkst, so vergiß nicht, daß es lauter werdende Menschen sind, die du zu betreuen hast, du kannst nichts Vollkommenes erwarten."

„Ach Tante, ich selbst bin ja so weit entfernt von Vollkommenheit; wenn ich nur das Bewußtsein haben kann, daß ich nichts Verkehrtes tue. Alle meine im Seminar erlernten Grundsätze kommen mir oft so lächerlich vor, und dann scheint es mir so schwer, diesen jungen Menschen etwas zu sein."

„Laß dich nur von deinem mütterlichen Empfinden leiten, dann wirst du immer das Richtige tun. Was die Kinder brauchen, das ist eine Mutter."

Henriette hatte recht gehabt. Ruth lebte in der neuen Umgebung ganz auf. Ihr gereiztes Wesen ließ von Tag zu Tag mehr nach und auch ihr körperliches Befinden besserte sich merklich. Frau Pfarrer Winter hatte aber auch eine vorbildliche Art, mit dem launenhaften Kind umzugehen. Wie froh bin ich, hier zu sein, dachte Henriette. Wieviel kann ich von der Tante lernen! Es kam vor, daß Ruth verstimmt und ärgerlich war, wenn sie, anstatt mit Peter draußen herumtollen zu können, auf der Veranda ihre Liegekur machen mußte. Dann verstand Tante Winter es gut, die trübe Stimmung zu verscheuchen. „Ja, ja, so geht's uns beiden Kranken", sagte sie, „wir müssen aus der Ferne zusehen, wie die andern sich freuen. Aber wartet nur, ihr sollt nicht denken, daß wir uns ärgern!" Und sie ließ sich ihren Stuhl auch hinaustragen und lag nun neben der ungeduldigen kleinen Patientin.

„Sieh, Ruth, hier habe ich ein paar Pralinen, die lassen wir beide uns jetzt schmecken. Ich nehme meine Handarbeit, und du erzählst mir indessen eine Geschichte."

„Ich — eine Geschichte? Das kann ich doch nicht!"

„O gewiß, du hast mir noch nichts von deinen Schulfreundinnnen erzählt."

Ja, solche Geschichten konnte Ruth wohl erzählen. Der mürrische Ausdruck wich von ihrem Gesicht und sie plauderte von ihren Schulerlebnissen.

„Ich habe viele Freundinnen, Tante, aber meine beste Freundin ist doch die vornehmste."

„Ja? Woran merkst du denn, daß sie vornehm ist?"

„O du sollst nur sehen, was für feine Kleider sie trägt! Eine echt goldene Uhr hat sie auch schon. Sie geht ja nie ganz richtig, aber sie ist doch aus Gold und das ist doch die Hauptsache. Und einen ganz vornehmen Namen hat sie. Sie heißt Liliane Spengel. Findest du nicht, daß das sehr vornehm klingt? Und denke dir, Tante, sie hat auch schon einen goldenen Zahn."

Die alte Dame lächelte, aber sie hörte die Schilderung über die vornehme Freundin ruhig an, ohne das Kind zu unterbrechen. Als Ruth schwieg, fragte sie: „Soll ich dir nun auch ein wenig von meinen Freundinnen erzählen?"

„Hast du auch welche?" verwunderte sich Ruth. „Dann erzähle mir von ihnen. Sind sie auch sehr vornehm?"

„O ja, ich will dir von der vornehmsten, die ich kenne, berichten. Sie ist eine Waschfrau."

„Eine Waschfrau?" Ruth meinte nicht recht gehört zu haben.

„Ja", wiederholte die Pfarrfrau, „eine Wäscherin. Sie wohnt in Nieder-Würschnitz, das ist ein Dorf, eine Stunde von hier entfernt. Ihr Mann war Bergarbeiter und ist in der Grube tödlich verunglückt. Da blieb sie mit ihren drei kleinen Buben allein zurück. Alle drei sollten etwas Tüchtiges lernen, der Älteste will sogar studieren. Weil nun die kleine Rente nicht ausreicht, steht die tapfere Frau jeden Morgen um vier Uhr auf und geht zu andern Leuten waschen, um das nötige Geld zusammenzubringen. Viele Jahre hat sie das getan, tagaus, tagein, und wenn sie abends nach Hause kam, war sie oft so müde, daß sie meinte umsinken zu müssen. Aber dann raffte sie sich auf, weil die Kinder den ganzen Tag nichts von ihr hatten. Dann hörte man sie mit den Buben lachen und singen. Die drei freuten sich immer aufs Heimkommen der Mutter am Abend, und stets war sie gütig und liebevoll zu ihnen. Wenn sie dann die Jungens zu Bett gebracht hatte, stopfte sie erst noch deren Strümpfe, flickte ihre Hosen und bereitete das Mittagessen für den nächsten Tag vor, damit die Kinder es in ihrer Abwesenheit nur auf den Ofen zu stellen und zu kochen brauchten. Und zum Schluß putzte sie noch die kleine Wohnung, daß sie wie ein Schmuckkästchen aussah. Dann sank sie halbtot vor Müdigkeit in ihr Bett. Nie aber hörte man sie klagen, die kleine tapfere Frau. Sieh, das ist meine vornehmste Freundin. Du wirst sie überhaupt morgen, wenn wir Wäsche haben, kennenlernen. Sie ist seit Jahren meine Waschfrau. Und am Sonntag kannst du sie mit ihren drei großen Jungen zur Kirche gehen sehen. Die Söhne hängen sehr an ihrer Mutter. Sie wissen, was sie ihr zu verdanken haben. — Dann kann ich dir noch von einer andern vornehmen Freundin erzählen. Sie wohnt in dem kleinen weißen Häuschen da drüben. Seit vierzehn Jahren ist sie gelähmt und liegt steif und schmerzgekrümmt in ihrem Bett. Wenn ich mich wohl genug fühle, werde ich sie in den nächsten Tagen besuchen. Und wenn du willst, darfst du mich begleiten. Eine unbeschreibliche Leidenszeit liegt hinter ihr, aber ich habe es nie erlebt, daß sie mürrisch und unzufrieden war. Jeder, der sie besucht, fühlt sich beschämt, weil er vielleicht oft über seine eigenen Lasten jammert und klagt, während er doch soviel Ursache zum Danken hat. Und mit einer ganz geringen Kleinigkeit kann man die Kranke erfreuen. Ein paar Blümchen, ein kleines Buch, ein schönes Bild. Ich habe ihr letztes Jahr ein niedliches kleines Kätzchen geschenkt. Da war sie überglücklich und hat vor Freude geweint. Immer überlegt sie, wie sie andere erfreuen kann. Sie ist trotz all ihrem Leid eine echte Sonnennatur. Das ist die zweite vornehme Freundin, und so könnte ich dir noch einige aufzählen."

Ruth lag sprachlos in ihrem Liegestuhl. In ihrem Köpfchen wogte es. Die Begriffe Freundschaft und vornehmes Wesen wurden ihr plötzlich in einem gänzlich neuen Lichte gezeigt. Sie war natürlich zu jung, um das Besprochene ganz zu verstehen, aber eine neue Erkenntnis stieg in ihrem Kinderherzen auf. Und das Feine war, Tante Winter sprach gar nicht in belehrendem Tone, sondern man erzählte sich einfach gegenseitig von seinen Freundinnen, und dabei ahnte Ruth, daß die Tante ein ganz großes, warmes Herz hatte. Sie mochte auch kein weiteres Wort von ihren Freundinnen, die ihr eben noch so wichtig vorkamen, sagen, und selbst abends beim Einschlafen mußte sie sich noch lange mit den vornehmen Freundinnen der Tante beschäftigen.

Der Peter hatte sich inzwischen an die alte Johanna eng angeschlossen. Er befand sich noch in dem Alter, wo man sich mit einem Zuckerplätzchen bestechen läßt. Nur vor ihren handfesten Umarmungen suchte er stets das Weite. Gegen Mittag aber stellte er sich regelmäßig in der Küche ein, ließ sich eine große Schürze umbinden und half der alten Magd beim „Kochen", eine Beschäftigung, die meistens im „Topfauslecken" bestand. Seine allerbeste Freundin aber war Adelheid. „Die heirat' ich mal später", sagte er, „die kann so feine Dreckburgen bauen."

Das junge Mädchen war tatsächlich überall zu gebrauchen. Am liebsten beschäftigte sie sich jedoch mit den Kindern. Selbst Ruth gewann Zutrauen zu ihr und begann unter ihrer Anleitung eine kleine Handarbeit für Tante Hennis Geburtstag.

So fühlten sich alle heimisch im alten Pfarrhaus. Am glücklichsten war wohl Henriette. So hatte sie es sich gedacht — sie alle würden erfrischt und in jeder Beziehung gekräftigt nach Güntherstal zurückkehren. Nur zu schnell vergingen die Wochen. Noch wenige Tage, und die Heimreise mußte angetreten werden. Henriettes Geburtstag fiel in die letzten Ferientage. Ganz wie in früheren Zeiten war es. Als das Geburtstagskind das Wohnzimmer betrat, leuchtete ihr Kerzenschein entgegen. Ein blumengeschmückter Geburtstagstisch stand im Erker. Der Onkel saß am Harmonium und spielte einen Choral. Und dann kamen sie alle, um zu gratulieren. Johanna, natürlich in Tränen aufgelöst, umarmte ihr „Hennche" stürmisch. Frau Winter sah der Pflegetochter bewegt in die Augen: „Ich wünsche dir, daß du nie müde werden möchtest, Mutterlasten zu tragen!"

Als man dann am Nachmittag beim Kaffee zusammensaß, gab es noch eine Geburtstagsüberraschung. Ruth, die ihren Platz in der Nähe des Fensters hatte, entdeckte plötzlich auf dem Gartenweg, der von Büschen und Bäumen halb verdeckt war, eine hochgewachsene Gestalt sich dem Hause nähern. — „Es kommt jemand", sagte sie.

„O weh", jammerte der Onkel, „ich hatte so gewünscht, daß wir heute einmal ganz unter uns sein könnten."

Adelheid war hinausgegangen, um die Haustüre zu öffnen. Ein langaufgeschossener junger Mann im Touristenanzug, mit dem Rucksack auf dem Rücken, fragte nach Fräulein Brenner.

„Wen darf ich melden?" Das junge Mädchen mußte sich ordentlich recken, um dem Fremden ins Gesicht sehen zu können.

„Herbert Brenner", erwiderte der junge Mann, und Adelheid brachte die Nachricht den Wartenden ins Wohnzimmer.

Das gab einen Jubel. „Mein Bruder, mein großer Bruder!" rief Peter und stürmte in die Diele hinaus, wo Herbert wartete.

„Das ist die feinste Geburtstagsüberraschung", sagte Onkel Winter und schüttelte dem jungen Mann die Hand.

„Dein Großer kommt persönlich, um dir zu gratulieren, Pflegemutter", sagte Herbert und faßte Henriettes Hände.

Da schimmerten ihre Augen feucht. Dieses Wort war wirklich ihr schönstes Geburtstagsgeschenk.

Als Herbert die Pfarrfrau begrüßte, sah diese ihn mit warmem Blick an: „Sei uns herzlich willkommen, Herbert, es ist uns eine große Freude, dich, von dem Henni uns schon erzählt hat, persönlich kennenzulernen."

Nun wurde auch Johanna vorgestellt.

„Paß auf, daß sie dich nicht totdrückt", schrie Peter, als Herbert der alten Magd die Hand reichte, „sie packt immer so fest zu!" — Seine Besorgnis verursachte natürlich allgemeines Gelächter, und Johanna wurde sehr verlegen.

„Und hier ist Adelheid Weinberg", sagte jetzt Onkel

Winter, „die Tochter unseres Arztes, die bei uns ein wenig Haushaltsstudium macht und unser Mütterlein betreut. Sie ist immer lustig und vergnügt, darum nennen wir sie ‚Heidi'."

Man hatte wieder am Kaffeetisch Platz genommen. Adelheid hatte dem Gast ein Gedeck geholt.

„Nun, sage nur, wie du so plötzlich hierherkommst?" fragte Henriette.

„Unser Lehrer wollte in diesen Tagen eine Fußtour durch das Erzgebirge machen", antwortete der Neffe. „Er forderte zwei meiner Kollegen und mich auf, ihn zu begleiten. So sind wir letzte Woche bis Chemnitz gefahren und haben eine ganz wundervolle Wanderung gemacht. Wir waren in Aue, Annaberg und Schneeberg und in der umliegenden Gegend. Ich bin erstaunt, welche verborgene Schönheit sich da offenbart. Aber viel Armut und auch Schwermut sind uns da begegnet."

Pfarrer Winter betrachtete mit Interesse das frische Gesicht des jungen Mannes. Der geht mit offenen Augen durch die Welt, dachte er, aus dem kann etwas werden, wenn er recht geleitet wird.

Herbert fuhr fort: „Mein Lehrer reiste heute morgen mit den andern beiden wieder zurück. Ich aber habe mich all die Tage auf die Überraschung gefreut, und wenn Tante und Onkel Winter es erlauben, bleibe ich gern während der letzten Ferientage hier, um dann meine Familie wohlbehalten wieder nach Hause zu geleiten."

„Das ist ein guter Gedanke", erwiderte der Onkel, „und wir wollen dafür sorgen, daß die letzten Tage eures Hierseins noch die schönsten sind."

Herbert hatte sich vom ersten Augenblick an im Pfarrhaus so wohl gefühlt, als wäre er hier nie fremd gewesen. In seiner frischen, fröhlichen Art gewann er aller Herzen gar schnell, und jedes bedauerte, daß er nicht schon früher hierhergekommen war. In seiner Ferienfreude konnte er auf die übermütigsten Einfälle kommen. Er tollte wie ein Wilder, sein Brüderlein auf den Schultern, durch den großen Garten. Im nächsten Augenblick saß er auf einem der Pflaumenbäume und warf seiner Schwester die schönsten Früchte auf das Buch, in dem sie gerade, in der Hängematte liegend, las. Oder er tauchte plötzlich in der Küche auf, wo er ganz ernsthaft fragte, ob er sich vielleicht als Schüler für einen Kochkurs anmelden dürfe. Süßspeisen und Torten lägen seinem Interessenkreis am nächsten. Dann jagte Johanna ihn mit dem Kochlöffel hinaus und sagte, es sei ein Jammer mit der heutigen Jugend, die keine Ehrfurcht vor dem Alter habe. In ihren Augen aber glänzte die reinste Freude über den frischen jungen Menschen, der sich so natürlich gab und kein bißchen eingebildet war, obwohl er doch auch ein „Studierter" werden wollte.

„Der würde mir auch noch gefallen", sagte sie zu Heidi, die gerade dabei war, kleine Nußtörtchen, die am Morgen gebacken worden waren, auf einer Kristallplatte zu ordnen. „Ihr beide gäbt ein schönes Paar."

„Aber Johanna", widersprach das junge Mädchen, und wurde ganz rot vor Verlegenheit, „reden Sie doch nicht solche Dummheiten." — Da lag auch schon einer der kleinen appetitlichen Kuchen am Boden.

„Ich rede wenigstens nur Dummheiten", zürnte die alte Magd, „aber du machst sie."

An Tante Winters Liegestuhl war Herbert Brenner auch oft zu finden. Wie fein konnte man sich mit der leidenden alten Dame unterhalten! Dabei hatte sie gar nichts Wehleidiges an sich.

„Tante Henni", sagte Herbert am zweiten Tage seines Aufenthaltes in Stollberg, „ich kann es gut verstehen, daß du so sehr an deiner Kinderheimat hängst. Hier muß man sich ja wohlfühlen."

Der Onkel, der für alles, was jung und lebendig war, besondere Vorliebe hatte, wollte auch soviel wie möglich von seinem jungen Verwandten haben. So forderte er ihn einige Male auf, ihn bei seinen Gemeindebesuchen zu begleiten.

„Wenn es dich bei deinem Seelsorgerdienst nicht stört, daß ich nicht fromm bin, komme ich gerne mit."

„Nein", erwiderte der Onkel lachend, „das stört mich gar nicht. Übrigens irrst du dich, wenn du meinst, daß ich mit den Leuten über Frömmigkeit rede. Wir sprechen nur über das Leben."

Und wirklich, so war es. Herbert mußte immer wieder staunen, wie der Onkel mit den Leuten umzugehen verstand. Da war nichts Salbungsvolles, Unnatürliches, wie er sich das vorgestellt hatte, sondern es war ein väterliches Verhältnis, in dem Pfarrer Winter zu seinen Gemeindegliedern stand. Wirklich, er sprach zu ihnen und mit ihnen nur vom Leben, aber sie verstehend und mitfühlend. Das Leben dieser Leute im Erzgebirge war hart und schwer. Sie kämpften ständig gegen Entbehrung, Armut und Not. Die unterernährten Kinder waren schwächlich und zart, und fromme Redensarten hätten die Herzen dieser Leute niemals erreicht. Aber wenn der alte Pfarrer zu ihnen sprach, dann leuchtete plötzlich auch in ihrem notreichen Dasein ein Licht auf. Es waren nicht Phrasen, die er ihnen brachte, wenn er zu ihnen von dem Trost und der Kraft des Christenglaubens redete. Zum erstenmal in seinem Leben bekam Herbert einen Einblick in solche Lebensverhältnisse. Nie vorher hatte er so rauchgeschwärzte, enge und lichtlose Räume betreten. Da saß er nun neben dem weißhaarigen Pastor und war betroffen von all dem Leid und der Not, die ihm hier entgegentrat. Er entdeckte aber bald, daß der Onkel nicht nur mit Worten an die Leute herantrat, sondern daß seine Taten mit ihnen im Einklang standen. Wie oft wurde Adelheid mit ihrem Lebensmittelkorb zu irgendeiner bedürftigen Familie gesandt, und mehr als einmal erlebte Herbert es, daß der Onkel stillschweigend ein Geldstück auf den Tisch legte, bevor sie das Haus verließen. Ja, das war ein Christentum der Tat, vor dem man die größte Hochachtung haben mußte.

Nach solchen Besuchen machte Pfarrer Winter gern noch einen kleinen Umweg mit seinem jungen Freund. „Ich muß dir unsere erzgebirgische Schönheit zeigen, solange ich Gelegenheit habe", sagte er. Und dann saßen sie zusammen auf einer sonnigen Höhe am Waldesrand und blickten hinunter in die weiten Täler. Pfarrer Winter kannte wohl jedes Haus in der ganzen Umgebung, und es war ergreifend, wie er mit den Leuten verwachsen war.

„Wir Erzgebirgler werden durch die Not zusammengeschmiedet", sagte er, „und die Not ist es auch, die uns beten lehrt." Er sprach nur selten über religiöse Dinge, aber wenn er es tat, dann spürte man, daß die Worte aus tiefer Erfahrung und Überzeugung hervorgingen.

Herbert schwieg meistens bei solchen Reden. Aber er bewunderte und verehrte den Onkel. Einmal, nachdem sie wieder verschiedene Besuche gemacht hatten, gestand er ihm, daß ihm in den wenigen Tagen seines Hierseins eine ganz neue Erkenntnis über die Arbeit eines Geistlichen geworden sei. „Ich habe nie viel von Religion und Christentum gehalten", sagte er. „Nach dem Tod unserer Mutter ist in unserem Hause dieses Thema kaum berührt worden. Erst seitdem Tante Henni bei uns ist, habe ich mich mit diesen Fragen mehr beschäftigt, und das besonders aus dem Grund, weil ich manches in ihrem Wesen bewundere, was ich unbedingt dem Einfluß des Christentums zuschreibe. Hier nun begegne ich persönlich zum erstenmal einem Mann, der ein überzeugter Christ ist. Denn daß du deinen Dienst nicht nur lediglich als Beruf betrachtest, das ist mir in diesen Tagen klargeworden. Ein solches Tun muß dein

Leben ja vollauf ausfüllen und befriedigen. Ich wünschte, ich wäre mir auch klar über den Weg meiner Zukunft. Ich möchte Arzt werden. Aber es ist in mir vieles noch so unklar."

Es war ein Zeichen großen Vertrauens, daß Herbert dem alten Pfarrer einen Einblick in sein Innerstes gewährte. Dem geübten Ohr des Seelsorgers jedoch entging nicht der Klang der Sehnsucht, der in Herberts Worten lag.

„Ich finde die schroffen Gegensätze im Leben so erschütternd", fuhr Herbert fort, „immer wenn ich mich an den Harmonien der Natur erfreue, wo ein Farbton in den andern übergeht, so daß das Ganze wie das vollkommenste Gemälde wirkt, dann ist es mir ein Rätsel, daß nicht alles in der Welt eine solche Einheit bildet. Wenn ich die Not und Armut deiner Leute vergleiche mit dem sorgenlosen Dasein, das Tausende führen, die prassen und schwelgen, ohne sich für die andern verantwortlich zu fühlen, dann will mir das ganze Leben wie ein einziger Mißklang vorkommen. Ich selbst bin mir oft das größte Rätsel. Ist es dir wohl auch so ergangen, als du jung warst, daß du dich oft selbst nicht begriffen hast?"

„Ja", entgegnete der greise Pfarrer, „ich kann mich noch gut daran erinnern. Es gibt wohl kaum einen Menschen, der dieses Auf und Ab in sich selbst nicht kennen würde. Diese Tatsache ist der beste Beweis dafür, daß Gewalten vorhanden sind, die ihre dämonischen oder guten Einflüsse auf den Menschen ausüben. Es ist ja immer ein Wogen zwischen Gut und Böse in uns. Die großen Worte von der Selbsterlösung und der Verherrlichung eigener Kraft sind leere Redensarten. Wäre es damit getan, dann brauchte man das Gute ja nur zu wollen, und manche reuevolle Stunde würde einem erspart. Der Mißklang im Leben, den du erschütternd findest, ist ein deutlicher Beweis von den vorhandenen zerstörenden Mächten. Alles Derartige, was uns begegnet, seien es nun Armut, Not, Krankheit oder verabscheuungswürdige Auswüchse im Wesen der Menschen, Unmoralität, Trunksucht, Geiz, Untreue und wie diese Dinge alle heißen, hat seine tiefere Ursache in der Macht des Bösen. Auch der moralisch starke Mensch kann diesen Gewalten nur bis zu einem gewissen Grade entgegentreten. Gott schuf den Menschen in reinster Vollkommenheit, nach seinem Ebenbilde. Je mehr sich der Mensch aber von ihm entfernt, desto mehr Widerspruch wird in seinem Dasein zu finden sein. Wer mit offenen Augen durchs Leben geht, muß im Blick auf die gewaltigen Geschehnisse, ja selbst in den Lebensschicksalen des einzelnen die regierende Hand des Höchsten erkennen. Ob du nun am Meeresstrand stehst oder zur Sternenwelt hinaufblickst, ob du menschliches Können und Wissen betrachtest, oder vor dem Wunder des Menschwerdens stehst, immer wieder wird diese Erkenntnis überwältigend über dich kommen."

„Ja", gestand Herbert, „das habe ich mehr als einmal erlebt, aber dann stiegen nachher immer wieder Zweifel in mir auf, ob das nicht irgendeine Selbsttäuschung oder Einbildung sei."

„Weißt du, mein Junge", fuhr der Pfarrer fort, „wenn man es erlebt, wie es mit einem Menschenleben zu Ende geht — und ich bin wiederholt an Sterbebetten gestanden —, dann erkennt man, was Einbildung und Trug war. Da gleitet alles andere aus den Händen, und das Bewußtsein vom Dasein Gottes und daß Gott unser Vater ist, bleibt der einzige und letzte Halt. Es gibt nur einen Weg zum wahren Frieden und dieser ist auch die einzige Möglichkeit zum Ausgleich aller erschütternden Gegensätze des Lebens: Zurück zu Gott, von dem wir uns verloren haben! Und wer sich dieser Erkenntnis hingibt und als aufrichtiger Mensch den rechten Weg sucht, dem muß es klarwerden, daß die Brücke, die zu Gott führt, Christus heißt. Das Entscheidende in dem Leben eines Menschen ist seine endgültige Einstellung diesen bedeutungsvollen Tatsachen gegenüber. Jedoch kann die Überzeugung eines andern dir nicht maßgebend sein. Du selbst mußt dich zu einer eigenen Erkenntnis hindurchringen, und dazu müßtest du die Bibel kennenlernen."

„Ich muß dir offen gestehen, Onkel, daß ich die Bibel bisher für ein rückständiges Buch betrachtet habe, und meine Freunde sind derselben Ansicht. Fromme Sagen und Wahngebilde, erfunden von einseitigen Menschen."

„Glaubst du, alle die großen Männer im Reiche Gottes, selbst Fürsten und Staatsmänner, die in der Bibel ihren Lebensführer sahen, hätten sich von frommen Sagen und phantastischen Geschichten beeinflussen lassen?"

„Nein, das kann ich auch nicht annehmen, und wenn ich dich ansehe, Onkel, der du mit beiden Füßen mitten im Leben stehst und so klare, nüchterne Lebensanschauungen vertrittst, dann ist es mir, als müsse doch etwas dahinter stecken. Ebenso ist es bei Tante Henni. Sie hat wahrhaftig auch nichts Schwärmerisches an sich. Ich schätze sie sehr, eben ihrer klaren, geraden Art wegen — und sie ist ja auch eine von denen, die unbedingt an die Bibel glauben. Und nicht zuletzt unsere Mutter. — Ich war ja noch sehr jung, als sie starb, aber ihre innige Frömmigkeit ist mir unvergeßlich. Ach ja, es muß etwas Großes und Schönes sein, glauben zu können."

Herbert schwieg, und auch der Onkel antwortete nicht gleich. Als sie sich aber von der Waldbank, auf der sie gesessen hatten, erhoben, um den Heimweg anzutreten, legte der Onkel dem jungen Manne die Hand auf die Schulter und sagte in väterlicher Güte: „Herbert, suche ernstlich den rechten Weg. Gottes Wort verheißt: ‚Wer mich von ganzem Herzen sucht, von dem will ich mich finden lassen.'"

„Ich kann dir nicht versprechen, fromm zu werden", entgegnete Herbert, „aber ich will dir mein Wort geben, die Bibel zu lesen. Ich weiß, aus Mutters Zeiten ist noch eine zu Hause — und wenn ich es nur täte im Gedanken an sie, die an dieses Buch glaubte."

„Recht so, mein Junge, ich bin überzeugt, daß du den Weg zum Leben findest. Nun aber komm, man wird zu Hause auf uns warten!"

Die Ferien waren beendet. Henriette war mit den Kindern nach Güntherstal zurückgekehrt und hatte mit neuer Kraft ihre Arbeit wieder aufgenommen. Der Aufenthalt in Stollberg war für sie eine körperliche und geistige Erfrischung gewesen. Auch die Kinder waren gut erholt zurückgekehrt. Ruth konnte wieder zur Schule geschickt werden und war heiterer und zufriedener als je zuvor. An Herbert hatte Henriette einen starken Verbündeten bekommen. Nachdem er nun die Heimat seiner Tante kennengelernt, schien er zu empfinden, daß es ihr in ihrem jetzigen Wirkungskreis nicht immer leicht war, und unwillkürlich stellte er sich wie ein guter Kamerad an ihre Seite. Sie selbst trug an den ihr gestellten Aufgaben längst nicht mehr so schwer. Der Besuch bei den Pflegeeltern hatte ihr über manches hinweggeholfen. Aber sie empfand den guten Willen des Neffen wohltuend und dankte es ihm. Über ihren Bruder mußte sie sich wundern. Mit ausgestreckten Händen war der Professor ihr entgegengekommen. „Henni, wie gut, daß du wieder da bist. Ihr habt mir alle doch sehr gefehlt!" Das war viel von ihm, der seit Jahren nur in seiner Wissenschaft lebte. Henriette mußte lächeln. Es schien allen ganz selbstverständlich, daß sie im Hause blieb. Der Gedanke, daß sie sich einmal einen andern Wirkungskreis suchen könnte, schien niemand auch nur im entferntesten zu kommen.

Am meisten freute sich die alte Auguste. Sie hatte eine Girlande gewunden und sich keinesfalls daran hindern lassen, sie an dem Türpfosten zu befestigen. Franziska, die zwei Tage vorher mit Klinghammers zurückgekehrt war, hatte ihr spöttisch dabei zugeschaut und ihr Tun „höheren Blödsinn" genannt.

Überhaupt Franziska! Sie war von Wiesbaden zurückgekommen und benahm sich wenn möglich noch hochmütiger und abweisender als vorher. Und doch meinte Henriette irgendeine Veränderung an ihr wahrzunehmen. Zu dem kleinen Bruder und auch zu Ruth konnte sie zuweilen überaus zärtlich und liebevoll sein, im nächsten Augenblick aber ein so gereiztes Wesen zur Schau tragen, daß sie allen ein Rätsel war. Dann wieder schien sie seltsam zerstreut, sah und hörte kaum, was um sie her vor sich ging. Außerhalb ihrer Schulzeit war sie meistens bei Klinghammers, und Henriette wußte, daß ihr Verhältnis zueinander nie ein besseres werden würde, solange sie in diesem Hause aus und ein ging. Aber es war ihr klar, daß sie warten mußte.

Wieder gingen Wochen und Monate dahin. Herbert hatte Wort gehalten. Mutters Bibel war ihm kein verschlossenes Buch geblieben. Er las sie heimlich. Es wäre ihm nicht möglich gewesen, darüber zu sprechen. Noch war der Standpunkt falscher Scham nicht überwunden, aber je mehr er las, desto größer wurde sein Staunen. Da stieß er auf Richtlinien, in denen sich der tiefste Sinn des Lebens offenbarte. Aber er wollte sich erst ganz und gar von der Wahrheit des Buches überzeugen, ehe er Stellung dazu nahm.

Eines Tages kam Henriette von einem Ausgang zurück. Sie war mit Ruth beim Arzt gewesen, der erklärt hatte, daß der Gesundheitszustand des Kindes sich merklich gebessert habe. Henriette war sehr froh über diese Aussage des Arztes, durch die sie einer großen Sorge enthoben wurde. Aber nicht allein die Besserung des gesundheitlichen Zustandes der Nichte erfüllte sie mit Freude, sondern ganz besonders die sichtliche Veränderung im Wesen des Kindes stimmte sie dankbar. Seit der Stollberger Zeit hatte sie sich rückhaltlos der Tante angeschlossen und kam mit all ihren kindlichen Anliegen vertrauensvoll zu ihr. Auf dem Wege vom Arzt nach Hause hatte sie heiter geplaudert und unter anderem den Wunsch geäußert, auch in den nächsten großen Ferien wieder nach Stollberg reisen zu dürfen. „Tante Winter ist zu nett", sagte sie „und nirgends in der Welt ist es so gemütlich wie bei ihr."

Während dieser Worte waren beide ins Haus getreten, wo sie in der Eingangstüre beinahe mit Franziska zusammenstießen, die in ihrem neuesten Kleide zum Ausgehen gerüstet an ihnen vorüberhasten wollte. Henriette sah das junge Mädchen erstaunt an. „Wo willst du denn jetzt noch hin? Es ist doch Essenszeit?"

„Ich habe noch eine Besorgung zu machen", war die kurze Antwort.

„In diesem Kleid?"

Aber das junge Mädchen war schon davongeeilt. Henriette blickte ihr nicht ohne Unruhe nach. Was war nur mit Franziska? Es war nicht zu leugnen, sie hatte sich zu einem selten schönen Mädchen entwickelt, dazu wußte sie sich vorteilhaft zu kleiden. Kein Wunder, daß man auf der Straße dem vornehmen, auffallend hübschen Mädchen nachsah. Aber irgendeine Ursache mußte diese immer wiederkehrende Unruhe doch haben.

„Tante Henni, sieh, hier liegt ein Brief." Ruth hob einen Umschlag von der Erde auf. Er war leer. Henriette las die Adresse: „Fräulein Franziska Brenner, Güntherstal, postlagernd." Franziska mußte den Briefumschlag verloren haben. Henriette verbarg ihn in ihrer Tasche, und wieder griff die heiße Angst um das Mädchen nach ihrem Herzen.

Wer war der Absender dieses Briefes, der postlagernd an Fränzi schrieb. Aber jetzt war keine Zeit zum Grübeln. Auguste schlug soeben den Gong an, der zum Mittagessen rief. Nun hatte Henriette erst mal die nächstliegenden Pflichten zu erfüllen. Aber die Unruhe wollte nicht weichen. Während sie die Suppe in die Teller schöpfte, zitterte ihre Hand. Irgend etwas stimmte da nicht. Warum sonst diese Heimlichtuerei? — Gerade heute war der bei den Mahlzeiten sonst so schweigsame Professor recht gesprächig und wollte die Meinung seiner Schwester über verschiedene Zeitfragen wissen. Herbert blickte prüfend zu seiner Tante hinüber. Es fiel ihm auf, daß sie bedrückt war. Die Mahlzeit nahm ihren gewöhnlichen Gang, aber Henriettes Gedanken waren abwesend. Sie eilten hinter dem jungen Mädchen her. Warum kam sie nicht? Wo war sie? Was für eine Bewandtnis hatte es mit dem Brief? Hatte sie schon des öfteren solche empfangen? —

„Ätsch, Tante Henni", rief plötzlich Peter und riß sie aus ihrem Sinnen, „ätsch, jetzt hast du selber einen Fleck aufs Tischtuch gemacht." Seine Äuglein funkelten vor Vergnügen, die Tante auch einmal rügen zu können.

„Ja, du hast recht", gestand diese und raffte sich auf, „jetzt muß ich mich schämen."

„Ja, das tu nur", sagte der Kleine im Ton eines gestrengen Erziehers, „und das nächste Mal paßt du auf." Als er aber in das traurige Gesicht der Tante blickte, schien er schon Reue zu empfinden. Er rutschte von seinem Stuhl herunter und umarmte die Gescholtene stürmisch. „Wegen dem dummen Fleck brauchst du aber nicht zu weinen, komm, wir stellen den Teller drauf, dann sieht es niemand."

Henriette lächelte. „Nein, mein Jungchen, ich weine auch nicht." Und dann nahm sie wieder in beherrschter Art an dem Tischgespräch teil.

Die Tischzeit war beendet. Franziska war nicht nach Hause gekommen. Ruth half Auguste das Geschirr abtragen und trocknete es auch ab. Seit der Stollberger Zeit tat sie das jeden Mittag freiwillig und war daraufhin in der Achtung Augustes merklich gestiegen. Auch Peter hatte sich zu den beiden in die Küche verzogen. Henriette war allein im Eßzimmer zurückgeblieben. Sie stand am Fenster und blickte unentwegt hinaus, als könne sie auf diese Weise die Nichte herbeiholen. Sie war so in Gedanken versunken, daß sie das Öffnen der Tür nicht bemerkte und leicht zusammenschrak, als Herbert plötzlich neben ihr stand.

„Tante Henriette, was ist dir? Es läßt mir keine Ruhe, schon während des Essens habe ich gemerkt, daß dich etwas quält."

Henriettes Augen waren mit Wärme auf den Neffen gerichtet. Wie wohltuend, zu wissen, daß sie nicht allein stand, daß jemand da war, dem es nicht gleichgültig sein konnte, wenn sie sich Sorgen machte. — „Ist es dir nicht aufgefallen, daß Fränzi nicht bei Tisch war?" fragte sie.

„Aber Tante, deswegen bist du so unruhig, das ist doch nicht das erste Mal. Sie wird sicher bei Klinghammers gegessen haben."

Henriette überlegte einen Augenblick, unschlüssig, ob sie über den Brief mit ihm sprechen sollte. Dann aber fand sie es doch richtig, ihrem Neffen den Briefumschlag zu reichen. „Das ist der Grund meiner Sorge. Sicher ist zwischen dem Fernbleiben Franziskas und diesem Brief ein Zusammenhang."

Herbert betrachtete die Anschrift auf dem Papier. Dann gab er es der Tante zurück. „Ich habe keine Ahnung, von wem dieser Brief stammen könnte. Nicht wahr, das Wort ‚postlagernd' macht dir zu schaffen? Aber du darfst es nicht zu schwer nehmen. Das ist unter den Schülern so üblich, wenn sie irgendeine Freundschaft haben, von der man zu

Hause nichts wissen soll. Und so wie Franziska zu dir steht, kannst du kaum etwas anderes erwarten. Sie ist jetzt siebzehn Jahre alt, du mußt dich nicht wundern, wenn jemand Interesse an ihr hat, zumal sie ein hübsches Mädchen ist."

Henriette antwortete nicht gleich. Wieder eilten ihre Blicke auf die Straße, ein Seufzer entrang sich ihrer Brust. „Du weißt, was ich von dieser Art von Freundschaften halte, ganz besonders, wenn solche Heimlichkeit damit verbunden sind. Ich kann nicht dagegen an, ich mache mir ernstlich Sorgen um deine Schwester. Ist dir ihr verändertes Wesen in letzter Zeit nicht aufgefallen?"

„Ich habe vielleicht nicht so sehr darauf geachtet, aber Tante, bei dieser Gelegenheit muß ich es dir einmal sagen, wir werden es dir nie genug danken können, daß du dich in so hingebender Weise um uns sorgst und Mutterstelle an uns vertrittst. Ob Fränzi es je einsehen wird, was sie und wir alle an dir haben?"

Henriette unterbrach ihn. „Rede nicht von Dank, Herbert, ich tue nichts als meine Pflicht. Es ist meine Schuldigkeit Gott gegenüber, daß ich versuche, das Beste aus meinem Hiersein zu machen, denn e r hat mich an diesen Platz gestellt."

„Das ist auch mir klar."

Henriette wandte sich erstaunt dem Neffen zu. Es war das erste Mal, daß er ihr in solch bewußter Art zustimmte, wenn sie von Gott sprach.

Herbert begegnete dem fragenden Blick der Tante ruhig. Ein tiefer Ernst lag in den Worten des Neunzehnjährigen, als er fortfuhr: „Ich muß dir ein Geständnis machen. — Ich bin es deinem mütterlichen Sorgen um uns Geschwister schuldig, offen zu dir zu sein. Seit dem Sommer, wo ich bei Pfarrer Winter war, lese ich in der Bibel — in Mutters Bibel. Je tiefer ich in das Buch eindringe, desto wundersamer scheint mir alles. Allerdings ist mir manches noch unverständlich, aber das ganze Dasein scheint mir wertvoller, wenn man es vom Standpunkt der Bibel aus betrachtet. Ich denke da besonders an die Bergpredigt. Daß meine Berufswahl entschieden ist, weißt du. Ich werde Arzt. Es scheint mir die beste Möglichkeit, der Menschheit zu helfen. Vielleicht kann ich noch mehr nützen, wenn ich ein Arzt mit christlicher Gesinnung bin. Wenn ich die Evangelien lese, so scheinen mir diese der beste Wegweiser zum Ausgleich aller Gegensätze des Lebens zu sein. Ich habe mich in letzter Zeit viel mit diesen Problemen beschäftigt. Nächst Mutters Bibel aber verdanke ich es dir, daß mir eine ganz neue Erkenntnis wurde. Dein Leben ist so, daß ich an das Christentum, das du vertrittst, glauben kann."

Henriette hatte schweigend zugehört. Jetzt aber reichte sie dem Neffen die Hand. Tränen schimmerten in ihren Augen. „Herbert, du hast mir mit diesem Geständnis eine große Freude gemacht. Jetzt werde ich einen Verbündeten in dir haben und manches, was mir oft schwer schien, wird leichter für mich sein. Wir wollen gemeinsam versuchen, auch Franziska zu helfen."

„Ich fürchte, daß ich bis jetzt noch sehr wenig für meine Schwester getan habe", erwiderte Herbert, „und was die andere Sache betrifft, so ist es schwierig, einen jungen Menschen zu überzeugen, ich weiß das von mir selber. Es hat lange Zeit gebraucht, bis ich begriff, daß du recht hattest mit dem, was du mir über diese wichtigen Lebensfragen sagtest. Übrigens habe ich vor ein paar Wochen einen Brief an Ilse Marksebel geschrieben. Ich habe ihr offen meine neue Einstellung mitgeteilt, sie aber auch gleichzeitig gebeten, es mir nicht nachzutragen, wenn ich ihr irgendwelche Hoffnungen gemacht haben sollte, die ich nun nicht halten kann. Ich habe lange gezögert zu schreiben, aber es ließ mir keine Ruhe. Meine Befürchtung, daß sie den Brief andern zeigen würde, war grundlos. Sie selbst hat ihre aufdringlichen Belästigungen ganz eingestellt. Ich will damit sagen, daß nicht immer gleich Erfolg zu erwarten ist, wenn man in diesen Angelegenheiten andern helfen und raten will. Laß auch Franziska Zeit. Wenn es ihr geht wie mir, so wird sie dir einmal für jedes offene Wort danken. Ich glaube, daß viele junge Menschen Schiffbruch erleiden, weil sie niemand haben, der mit ihnen in klarer Weise diese ernsten Lebensfragen bespricht."

Bei aller Sorge um die Nichte erfüllte plötzlich ein Gefühl tiefen Dankes und großer Freude Henriettes Herz. War das Bekenntnis des Neffen nicht mehr, als sie je zu hoffen gewagt hatte? Sie wußte, es waren keine Redensarten. Seine Worte sprachen von einer in ernstlichem Suchen gereiften Überzeugung.

Erst nach dem Abendessen stellte sich Franziska ein. Mit vor Erregung geröteten Wangen und glänzenden Augen trat sie ins Eßzimmer, als sei ihr spätes Nachhausekommen die selbverständlichste Angelegenheit der Welt.

Henriette saß allein im Zimmer. Die beiden Kleinen waren schon zu Bett gegangen. Herbert hatte noch zu arbeiten. Auf dem Tisch stand Franziskas Gedeck.

„Na, ganz allein?" fragte das junge Mädchen und warf sich in einen Sessel, durch künstlich hervorgerufenes Gähnen wollte sie die Tante von ihrer großen Müdigkeit überzeugen. „Ich will gleich zu Bett gehen."

„Aber du wirst doch erst Abendbrot essen wollen", erwiderte Henriette. „Ich will dir den Tee holen."

„Nein, ich verspüre nicht den geringsten Hunger."

„Wo warst du denn den ganzen Nachmittag? Du wolltest doch zum Mittagessen zurückkommen." Henriette wollte wenigstens versuchen, Klarheit zu bekommen, obgleich sie von vornherein wußte, daß Franziska ihr auch nicht eine Silbe mehr sagen würde als sie wollte.

„Wo soll ich gewesen sein?" fuhr diese gereizt auf. „Bei

Klinghammers — und ein wenig spazieren. — Liebe Zeit, man wird doch noch mit seinen Freunden zusammenkommen dürfen."

Henriette zog den Briefumschlag aus der Tasche und fragte: „Hat dein langes Ausbleiben irgendeinen Zusammenhang mit diesem Brief?"

Franziska erschrak sichtlich, entriß den Umschlag ungestüm der Hand der Tante und fuhr sie an: „Wo hast du das her?"

„Du scheinst den Umschlag im Hausflur verloren zu haben, als du heute mittag fortgingst. Ruth hat ihn gefunden, aber du hast mir meine Frage noch nicht beantwortet?"

Franziska atmete auf, als sie sich mit einem raschen Blick davon überzeugt hatte, daß der Briefumschlag leer war. Gelassen steckte sie ihn in ihr wildledernes Handtäschchen. Dann erst antwortete sie: „Bin ich dir darüber Rechenschaft schuldig?"

Henriette hatte Mühe, ihre Entrüstung zu unterdrücken, aber sie erreichte mehr, wenn sie den Weg der Güte einschlug. So fuhr sie scheinbar ruhig fort: „Fränzi, möchtest du dich einmal daran erinnern, daß dein Vater mich gebeten hat, Mutterstelle an euch zu vertreten."

„Der Vater vielleicht", unterbrach Franziska sie in ungezogener Weise, „aber nicht ich — und ich lasse mir einfach nicht in meine Angelegenheiten hineinreden." Während sie weitersprach, steigerte sich immer mehr ihre leidenschaftliche Erregung. „Du hast es vom ersten Tage deines Hierseins versucht, meinen Willen zu unterdrücken. Aber dagegen werde ich mich wehren, solange ich kann. Ich bin kein Kind mehr und habe gar nicht nötig, bei allem zu fragen: Darf ich oder darf ich nicht? — Und auch über diesen Brief brauche ich dir keine Auskunft zu geben. Das ist ganz meine Sache." In ihrer Empörung begann sie zu weinen.

Henriette blickte das junge Mädchen bekümmert an. Wenn sie nur wüßte, wie gut ich es mit ihr meine: „Deine Empörung ist mir der beste Beweis, daß du selbst über diese Sache unruhig bist, mein Kind", fuhr sie fort.

„Ich bin kein Kind mehr", schluchzte Franziska in übertriebener Empfindlichkeit, „und unruhig bin ich auch kein bißchen, aber diese ewige Bevormundung bin ich satt. Ich bin jetzt siebzehn Jahre alt!"

„Glaubst du, daß deine Mutter nicht in Sorge um dich wäre, wenn sie plötzlich entdecken würde, daß ihre Tochter postlagernd Briefe empfängt?"

„Wenn meine Mutter noch lebte, wäre manches anders", schluchzte Fränzi und kam sich in diesem Augenblick ungemein bemitleidenswert vor. Dann wäre diese verhaßte Tante bestimmt nicht hier, dachte sie.

„Ja, du hast recht", meinte die Tante, „dann wäre manches anders. Wie schön wäre es, wenn du nun mit mir, die ich an Stelle deiner Mutter stehen soll, vertrauensvoll über alles, auch über die Angelegenheit dieses Briefes sprechen würdest. Wie gerne wollte ich dir raten. Glaube mir, ich mache mir ernstlich Sorgen um dich."

Franziska ging jedoch nicht auf diesen liebevoll gütigen Ton ein. „Du brauchst dich um mich nicht zu sorgen, das ist vollkommen unnötig. Eins aber ist sicher: mein letztes Schuljahr wird auch vorübergehn, und dann hat diese Sklaverei ein Ende. Lieber in der strengsten Pension eingesperrt sein, als hier, wo man zu Hause sein soll und doch keine heimatliche Freiheit genießt, sich unterdrücken zu lassen." Mit diesen Worten verließ sie das Zimmer, dessen Tür sie zornig hinter sich zuschlug.

Am nächsten Tag stand Henriettes Entschluß fest. Sie wollte Frau Klinghammer aufsuchen, nicht etwa weil sie hoffte, irgendwelche Auskunft über das Briefgeheimnis zu bekommen, sondern weil es ihr plötzlich notwendig schien, die Frau kennenzulernen, unter deren Einfluß sich Franziska täglich befand. Vielleicht würden manche Vorurteile beseitigt, wenn man sich persönlich kennenlernte. Schon das Bewußtsein, daß Frau Klinghammer Mutter war, meinte ihr eine Berechtigung zu der Annahme zu geben, sie müsse verstehen, welch ein Anliegen es ihr sei, Franziska zu helfen. Sie hatte erwogen, ob es richtig sei, ihren Bruder, den Professor, von der Sache in Kenntnis zu setzen, war aber dann davon abgekommen. Sie wußte ja noch von Herberts Angelegenheit, wie er sich dazu stellte, und er hätte auch in diesem Falle nichts anderes gesagt als: „Nimm du diese Sache in deine Hände. Ich gebe dir in jeder Beziehung volle Freiheit."

Im Hause des Bankdirektors Klinghammer öffnete ihr ein zierliches Mädchen die Türe und führte sie ins Empfangszimmer. Einen Augenblick später steckte Eleonore den Kopf herein, knickste und verschwand wieder. Dann hörte Henriette nebenan hastiges Flüstern, Stuhlrücken und Hinundherlaufen. Sie mußte längere Zeit warten und hatte Muße, sich umzusehen. Das Zimmer war mit kostbaren modernen Möbeln ausgestattet. Echte Teppiche bedeckten den Boden. Einige neuzeitliche Bilder hingen an den Wänden. Vorhänge und Tapeten harmonierten in der Farbenzusammenstellung aufs beste.

Henriettes geübtes Auge freute sich daran. Und doch, irgend etwas fehlte diesem Raum: die persönliche Note. — Oder war dieses Kalte, Befremdende vielleicht gerade die Visitenkarte dieses Hauses? Das Zimmer machte den Eindruck, als habe man einem Dekorateur eine Banknote in die Hand gedrückt: „So, mach du das Weitere." Und dieser hatte einen Katalog aufgeschlagen und nach einer seiner vielen Vorlagen das Zimmer eingerichtet. Es fehlte einfach jede Wärme, jedes noch so kleine Zeichen persönlichen Geschmackes. Während Henriette diesem und ähnlichen Gedanken nachsann, trat Frau Klinghammer ein, und zwar in solcher Aufmachung, daß Henriette unwillkürlich den Vergleich ziehen mußte: dem neuesten Modeheft entstiegen.

Frau Klinghammer hatte sorgfältig Toilette gemacht. Als ihr Eleonore mitgeteilt hatte, Fräulein Brenner sei da und wünsche sie zu sprechen, machte sich unwillkürlich die Auswirkung mancher Gespräche, die sie mit Franziska über deren Tante geführt hatte, bemerkbar. Frau Klinghammer wünschte von vornherein, schon durch ihre äußere Erscheinung dieses Fräulein Brenner zu übertreffen. Lächelnd kam sie auf ihren Besuch zu. Nein, sie brauchte wirklich nicht zu fürchten, in den Schatten gestellt zu werden. Henriette konnte nicht einfacher wirken als in dem schlichten, aber sehr geschmackvollen Kostümkleid.

„Wie freue ich mich, Sie persönlich kennenzulernen", begann Frau Klinghammer das Gespräch, nachdem man sich begrüßt und Platz genommen hatte. „Fränzi hat schon viel von Ihnen erzählt."

Henriette blickte prüfend in das gepflegte Gesicht dieser Frau und sagte sich, daß man es in diesem Hause nicht übermäßig genau mit der Wahrheit nehmen könne. Aber sie wußte, daß kleine gesellschaftliche Lügen in diesen Kreisen nicht als solche betrachtet werden, und wer weiß, vielleicht beruhte es sogar auf Wahrheit, daß Franziska von ihr erzählt hatte, es kam nur darauf an, wie und was. Aber es war jetzt nicht das Wichtigste, was man hier von ihr und über sie sagte. Henriette nahm sich' vor, direkt auf ihr Ziel loszugehen. „Die Sorge um Franziska hat mich zu Ihnen getrieben", entgegnete sie den liebevollen Begrüßungsworten der Dame des Hauses.

„Sorge um Fränzi? Ach, das gute Kind!" Frau Klinghammer war selbst gerührt von dem mütterlichen Ton, den sie anschlug. „Ich kann mir gar nicht denken, daß sie imstande ist, jemand Sorge zu machen."

Henriette ließ sich nicht beirren, sondern fuhr ruhig fort: „Ich weiß, daß Fränzi viel bei Ihnen verkehrt, und ich nehme an, daß Sie, Frau Klinghammer, ihr Vertrauen besitzen. Ich bin nun im zweiten Jahr im Hause meines Bruders, der mir die Verantwortung für seine Kinder übergeben hat. Leider war es mir bisher nicht möglich, das Vertrauen Franziskas zu gewinnen, im Gegenteil, es scheint mir, als ob wir uns je länger desto mehr einander entfremdeten. Es ist mir aber ein so wichtiges Anliegen, mit meiner Nichte innige Fühlung zu bekommen. Sie selbst sind Mutter, kennen auch Franziska seit ihren Kinderjahren. Ich dachte, es könnte nur gut sein, wenn wir einmal gemeinsam über sie sprächen."

Frau Klinghammer hatte schon einige Male versucht, Henriette zu unterbrechen. Nun aber schien es ihr ein Bedürfnis, das Loblied Franziskas zu singen. „Fräulein Brenner, Fränzi ist mir lieb wie eine Tochter. Ich kenne sie vom ersten Tag ihrer Schulzeit her, wo sie mit meiner Eleonore in eine Klasse kam. Ich habe dem mutterlosen Kind mit Freuden unser Haus geöffnet. Ich kann ihr nur das allerbeste Zeugnis ausstellen. Fränzi ist ein reizendes, liebenswürdiges Mädchen. Ich freue mich, daß sie sich so entzückend entwickelt hat. Sie wird ein geradezu selten hübsches Mädchen, ja, sie fällt direkt auf. Und überall, wohin sie kommt, ist sie beliebt. In Wiesbaden, wo sie mit uns in Ferien war, wurde sie direkt umschwärmt. Auch mein Neffe, der Student, der mit seinen Eltern in derselben Pension wohnte, war restlos begeistert von ihr, und der hat wahrlich keinen Mangel in der Auswahl junger Mädchen." In diesen und ähnlichen Wendungen redete Frau Klinghammer noch eine ganze Weile fort.

Henriette horchte auf. Vielleicht fand sie hier doch den Schlüssel zu dem postlagernden Brief. „Das freut mich, daß Sie so freundlich von meiner Nichte sprechen und ihr ein gutes Zeugnis ausstellen. Aber meinen Sie nicht auch, daß es für ein junges Mädchen gerade eine Gefahr sein kann, wenn sie derartig umschwärmt wird?"

„Ach wieso? Wie meinen Sie das?"

„Franziska empfängt postlagernd Briefe. Könnten die vielleicht von Ihrem Neffen sein?"

Frau Klinghammer wurde ein wenig verlegen, war aber gewandt genug, dies zu verbergen. „Von Fred? — Ach Gott, ja, das wäre wohl möglich." Sie lachte belustigt. „Der Bengel schien mir wirklich ganz verliebt in das hübsche Dingel. Ist ja auch kein Wunder."

„Finden Sie es angebracht, daß ein wohlerzogenes junges Mädchen heimlich Briefe empfängt?"

„Ach liebe Zeit, Fräulein Brenner, das muß man nicht so tragisch nehmen. Haben wir nicht alle unsere süßen Geheimnisse gehabt? — Lassen wir doch den Kindern ihre harmlose Freude."

Henriette war sprachlos. So redete eine Mutter? — Nein, hier suchte sie vergebens nach Verständnis. Warum war sie eigentlich hierhergekommen? Im Grunde genommen war Franziska gar nicht zu verurteilen. War es ein Wunder, daß sie eine solche Ansicht vertrat, nachdem sie seit Jahren in diesem Hause verkehrte? — „Wir haben scheinbar verschiedene Meinungen über diese Angelegenheit", erwiderte Fräulein Brenner.

„Das mag sein", antwortete Frau Klinghammer. „Wir dürfen aber nicht vergessen, daß unsere jungen Mädchen keine kleinen Kinder mehr sind. Und dann haben wir auch kein Recht, ihnen ihre Jugendfreuden zu rauben."

„Es kommt darauf an, was wir als solche betrachten."

„Gewiß", Frau Klinghammers Stimme wurde spitz, „es gibt ja Menschen, die in ihrer Einseitigkeit so weit gehen, daß sie jede noch so harmlose Sache verdammen. Solche innerlich verkrampften Menschen sollten sich jedoch nicht anmaßen, eine lebensfrohe Jugend betreuen zu wollen. Dann sind sie vollkommen am unrechten Platz."

Henriette erhob sich. Jedes weitere Wort war Zeitverschwendung. „Es tut mir leid, wenn ich Sie gestört habe, Frau Klinghammer? Ich darf mich wohl jetzt verabschieden?"

In der Türe stieß sie mit Eleonore zusammen, die nicht schnell genug ihren Lauscherposten verlassen hatte.

Kaum war Henriette auf der Straße, so erzählte Frau Klinghammer den Lauf der Unterredung ausführlich ihrer Tochter. „Der habe ich es mal deutlich gesagt."

„Na, Fränzi wird schön aufhorchen, wenn ich ihr die Sache erzähle", erwiderte Eleonore. „Übrigens wird Fräulein Brenner es jetzt wohl vermuten, daß sie sich gestern mit Fred getroffen hat."

Henriette schritt dem Hause ihres Bruders zu. Das war ein vergeblicher Weg, dachte sie. Aber sie war um eine Erfahrung reicher geworden: nicht jede Mutter ist wirklich eine Mutter.

Im nächsten Frühjahr kam Peter zur Schule. Das war ein Ereignis. Bisher hatte man ihn immer als den Kleinen betrachtet. Man hatte ihn behütet und umsorgt, wie man eben ein kostbares Vermächtnis behandelt. „Ich bin nun ein Schulerbub", sagte er echt freiburgerisch, „und laß mich nicht mehr wie ein kleines Kind behandeln." Als er aber am ersten Tage zwei ganze Stunden in der Schule sitzen mußte, da schien doch etwas wie „Heimweh" in ihm aufzusteigen, und er fragte den Lehrer, ob es noch lange daure. Zu Hause hatte er sich groß getan, er finde allein den Weg, es brauche ihn niemand von der Schule abzuholen. Tante Henni aber schien zu ahnen, daß die erste Trennung von daheim dem kleinen Schüler doch schwerfallen könnte und er froh sein würde, ein heimatliches Gesicht vor dem Schulhaus zu sehen. So war es denn auch.

Peter warf sich der Tante in die Arme, als sei man wer weiß wie lang getrennt gewesen. Und als Henriette sein Köpfchen hob, standen dicke Tränen in den Kinderaugen. Er beteuerte zwar, es sei fein in der Schule, aber sie verstand auch ohne Worte und wußte, daß der erste Flug in die große Welt nicht ohne Überwindung vor sich gegangen war. Auguste hatte ebenfalls unter der zweistündigen Trennung gelitten und hieß den Heimkehrenden mit einem kleinen Napfkuchen, den sie extra für ihn gebacken hatte, willkommen.

Nach ein paar Tagen aber war Peter schon ganz vertraut mit all dem Neuen und verkündigte stolz, der Lehrer sei sein Freund geworden. Er habe ihn gestern gefragt: „Na, mein Freund, warum kommst du so spät zur Schule?" Dann hätte er ein Weilchen in der Ecke stehen müssen. Das sei aber weiter nicht schlimm gewesen, denn er habe immer daran denken müssen, daß es etwas Besonderes sei, wenn man den Lehrer zum Freund habe. Zu den andern habe er das noch nicht gesagt.

„Haben denn die anderen auch schon in der Ecke stehen müssen?" fragte Herbert den kleinen Bruder.

„Nein, ich war der erste", erwiderte Peter und war ganz stolz auf dieses Vorrecht.

„Du bist zu spät gekommen?" fragte Tante Henni verwundert. „Ich habe dich doch früh genug zur Schule geschickt."

„In der Schloßbergstraße hatte ein Auto eine Panne, und da mußte ich doch selbstverständlich erst helfen, daß die Sache wieder klappte."

„Du? — Was hast du denn geholfen?"

„Na, die Kneifzange gehalten."

Henriette schüttelte den Kopf, und Herbert lachte: „Er ist bereits im richtigen Fahrwasser."

Das Schönste an der ganzen Schulzeit aber waren doch

die Ferien. Das erkannte bald auch Peter. Besonders als im Sommer die Tage so heiß wurden. Von Stollberg war ein Brief angekommen, in dem die ganze Familie eingeladen wurde, die Ferien wieder im Pfarrhaus zuzubringen.

Diese Einladung wurde mit stürmischer Begeisterung aufgenommen. Die Kinder verfielen in einen wahren Freudenrausch, und Herbert war der Anführer.

„Wir haben einen Sonnenstich!" schrie Peter und lachte die Tante an. „Herbert hat's gesagt, wir müßten in die kühlen Wälder im Erzgebirge."

Henriette hoffte, diesmal auch Franziska zum Mitgehen bewegen zu können. Das junge Mädchen hatte ihre Beziehungen zu Klinghammers nach dem Besuch der Tante erst recht nicht abgebrochen. Eleonore hatte ihr selbstverständlich ausführlichen Bericht über die Unterredung erstattet. So war Franziska zu ihrer Tante wenn möglich noch unfreundlicher, manchmal sogar gehässig. Sie lehnte auch diesmal grundsätzlich ab, als die Rede auf die Ferienreise nach Stollberg kam.

„Das kommt für mich gar nicht in Frage", war die hochmütig abweisende Antwort. „Klinghammers haben sich in all den Jahren meiner angenommen, so werde ich auch jetzt wieder von ihrer Einladung Gebrauch machen und mit ihnen an die Ostsee fahren."

„Wird Frau Klinghammers Neffe auch dort sein?" fragte Henriette, die plötzlich eine neue Gefahr für die Nichte zu sehen glaubte.

Allein diese Frage genügte schon, um Franziska wieder maßlos zu kränken. „Du kennst Frau Klinghammers Verwandte ja gar nicht, sonst wüßte ich nicht, wieso du dich für sie interessieren könntest."

Henriette aber empfand, daß es nun Zeit war, einzugreifen. Fest und bestimmt sagte sie ihr: „Du wirst nicht mit Klinghammers an die Ostsee reisen. Noch bist du nicht mündig. Wir sind verpflichtet, dich zu warnen und dich zu schützen. Du umgehst wissentlich meine Frage, und das ist mir der beste Beweis dafür, daß du vorhast, dich dort mit diesem jungen Mann zu treffen. Hättest du ein offenes Wort mit mir gesprochen, und würde man wissen, wer es ist, mit dem du korrespondierst, könnte man diese Angelegenheit näher erwägend ins Auge fassen, so aber werden wir deine Heimlichkeiten nicht unterstützen. Ich werde mit deinem Vater reden und er wird seine Einwilligung zu dieser Reise nicht geben."

Franziska war bis zum äußersten gereizt. „Da sieht man es wieder", rief sie und stampfte mit dem Fuß auf, „du willst mir nur die Freude verderben und nun gar den Papa gegen mich aufhetzen, aber es soll dir nicht gelingen."

Als Henriette in das Zimmer des Professors kam, war Franziska bereits dort gewesen und hatte es verstanden, den Vater auf ihre Seite zu ziehen. „Warum soll das Kind nicht mit an die Ostsee reisen?" sagte er. „Die Seeluft wird ihr gut tun, und Klinghammers würden es uns sehr verargen, wenn wir sie grundlos zurückhalten würden."

„Grundlos, Paul?" erwiderte Henriette nicht ohne Erregung. „Hat Franziska dir nichts von dem Neffen der Frau Klinghammer gesagt? Ist es in deinem Sinne, daß deine Tochter von ihm postlagernd Briefe empfängt?"

„Wer? — Fränzi? — Ach, das wird doch nichts Ernsthaftes sein. Hast du mir nicht unlängst auch von Herbert erzählt, daß er die Dummheit mit dem Mädchen aufgegeben hat? Also wird es auch mit Franziska nichts weiter auf sich haben. Sprich mit dem Mädchen, setze ihr den Kopf zurecht und im übrigen laß sie getrost reisen. Du kannst sie ja schließlich nach den Ferien von Klinghammers etwas fernhalten, wenn du meinst, daß es besser sei. Aber jetzt dürfen wir die Leute nicht beleidigen. Und nun, Henni, laß mich bitte allein, ihr dürft mich jetzt wirklich nicht mehr stören."

Am Abend dieses Tages saß Henriette in ihrem Stübchen und bemühte sich wieder einmal, ihre Erregung zu meistern. Es sah aus, als würde es ihr nie gelingen, der Nichte auch nur einen Schritt näherzukommen. Und doppelt schwer war es, wenn der Vater sie nicht unterstützte und auf diese Weise die Torheiten seiner Tochter förderte. Konnte es nicht zum größten Unglück führen, wenn sie wochenlang mit diesem Menschen, den niemand von ihnen kannte, an der Ostsee weilte? Ihr Vertrauen Frau Klinghammer gegenüber war nicht so, daß sie diese als einen ausreichenden Schutz für die unerfahrene Nichte betrachten konnte. Sie hatte noch Gefallen an diesem gefährlichen Spiel. —

Am nächsten Tag teilte Herbert der Tante mit, daß er bereits einen günstigen Zug für die Reise nach Stollberg ausgesucht habe. „Dir tut es gut, wieder ein paar Wochen ins Pfarrhaus zu kommen", meinte er, „gib acht, die Heimat macht dich wieder froh."

„Fränzi kommt auch diesmal nicht mit", sagte Henriette.

„Ich weiß es, und ich verstehe, daß es dich traurig macht. Aber Tante, mit all deinem Bangen und Sorgen wirst du sie nicht überzeugen. Du hast oft genug mit ihr gesprochen. Auch ich habe es versucht. Wir müssen warten, wie sie geführt wird. Ein Stärkerer wird sie überzeugen."

„So etwas nennt man Pech!" Franziska war außer sich. Die Koffer waren gepackt, alle Reisevorbereitungen getroffen, da vertrat Frau Klinghammer sich den Fuß und mußte laut Verordnung des Hausarztes liegen. „Ihre Reise können Sie gut für eine Woche verschieben", sagte er, als er sich verabschiedete.

„Du hast Recht, das ist Pech", antwortete Eleonore, „das bedeutet einen Strich durch unsere Rechnung."

„Ich bitte dich, das ist ganz unmöglich. Fred erwartet

mich morgen", vertraute Fränzi der Freundin an. „Jetzt ist alles schon so verabredet. Nein, daß paßt mir ganz und gar nicht."

„Denkst du etwa, mir sei das angenehm, aber daran ist nun einmal nichts zu ändern."

Franziskas Plan aber war fertig. Sie würde doch fahren. Ihre Leute zu Hause brauchten gar nichts von dem Aufschub der Reise zu wissen. Klinghammers würde sie von Cranz aus benachrichtigen. Sie ließ sich jetzt von niemand und durch nichts zurückhalten. Eine sich in ihr bemerkbar machende Unruhe schlug sie einfach nieder. Sie war zu sehr im Banne ihres Geheimnisses mit Fred Wolkert.

Als sie nach Hause kam, trat Herbert ihr mit besorgtem Gesicht entgegen: „Du, Fränzi, wir müssen unsere Reise nach Stollberg verschieben. Tante Henni ist krank geworden."

Das kann ja gut werden, dachte Franziska, es sieht ja beinahe wie eine Verschwörung zwischen den beiden Häusern aus.

„Könntest du nicht auch einige Tage später fahren?" fragte der Bruder.

„Was denkst du", fuhr sie ihn an, „alle Vorbereitungen sind bereits getroffen und — es ist unmöglich, Klinghammers zuzumuten, wegen mir noch länger zu warten. Und allein nachreisen mag ich auch nicht." Franziska wandte sich ab, um den Bruder nicht sehen zu lassen, wie sie errötete. Die Niederträchtigkeit dieser Lüge belastete sie nun doch. Sie konnte gehässig und launenhaft sein, aber sie war nicht gewohnt zu lügen. Nun aber gab es kein Zurück mehr. Und das Furchtbare war, eine Unwahrheit entwickelte sich aus der andern. Herbert wollte sie, da sie nun doch darauf bestand zu reisen, zum Bahnhof begleiten, aber sie wehrte sich entschieden. „Nein, nein, ich gehe allein. Klinghammers erwarten mich am Bahnhof."

„Aber dein schwerer Koffer?"

„Ach was, den kann ich schon tragen, ich fahre ja mit der Elektrischen, und übrigens habe ich noch vorher eine Besorgung zu machen."

Wäre Herbert nicht durch die plötzliche Erkrankung der Tante stark beunruhigt gewesen, das aufgeregte Wesen der Schwester wäre ihm bestimmt aufgefallen.

Franziska hatte sich vom Vater und den Geschwistern verabschiedet und betrachtete es als eine unangenehme Pflicht, auch in das Zimmer der Tante gehen zu müssen, um ihr Lebewohl zu sagen. Sie brauchte aber eine ganze Weile, bis sie das beunruhigende Gefühl los wurde, das sie beschlichen hatte, als Tante Henni sie mit einem so seltsam ernsten Blick angesehen hatte.

Zwei Tage später begegnete Herbert Eleonore Klinghammer auf der Straße. Er stutzte und sprach sie an: „Ja, Eleonore — wie soll ich das verstehen? — Ich denke, ihr seid längst an der Ostsee?"

„Nein, wir reisen doch erst nächste Woche. Hat Fränzi denn nicht zu Hause erzählt, daß meine Mutter sich den Fuß vertreten hat? — Aber um Gottes willen, Herbert — was stierst du mich so an?"

Herbert Brenner schien nicht recht gehört zu haben. Er wiederholte: „Was sagst du? — Ihr fahrt erst nächste Woche? Aber wo ist denn Fränzi? Die ist doch bereits vorgestern abgereist, und zwar, wie sie behauptete, mit euch."

Nun war Eleonore an der Reihe zu erschrecken. „Davon wissen wir nichts."

„Aber kannst du dir denn denken, wo sie ist und warum sie nicht auf euch gewartet hat?"

Eleonore errötete ein wenig und erwiderte nur zögernd: „Sie ist natürlich in dem Ostseebad Cranz, und — ich könnte mir schon den Grund ihrer übereilten Abreise denken."

Herbert sah das Mädchen an: „So sprich doch!"

Eleonore zierte sich ein wenig, aber nicht ohne bewußte Koketterie. Es war ihr gerade recht, einmal eine so günstige Gelegenheit zu haben, mit diesem Herbert Brenner, der ihr keinesfalls gleichgültig war, eine ausgedehnte Unterhaltung zu führen. „Ich weiß zwar nicht, ob ich darüber sprechen darf", erwiderte sie, „aber du wirst sie ja nicht verraten. Fränzi ist doch heimlich verlobt mit meinem Vetter Fred Wolkert. Der verbringt seine Ferien mit uns an der Ostsee, und weil unser Zusammentreffen schon für gestern verabredet war, hat Fränzi scheinbar nicht länger warten wollen. Ich finde es auch nicht nett, daß sie heimlich losgefahren ist, aber — man versteht das ja schließlich. Sie ist eben verliebt."

Mit herausforderndem Blick streifte sie das Gesicht des jungen Mannes. Noch vor etwas mehr als einem Jahr wäre Herbert auf diesen Ton eingegangen, jetzt aber reagierte er auch nicht im geringsten auf die anzügliche Art des jungen Mädchens. Eine namenlose Angst um die Schwester hatte ihn erfaßt. „Also doch!" flüsterte er fast lautlos und fügte entschlossen hinzu: „Sie muß sofort zurück. Ich werde ihr ein Telegramm senden, bitte, gib mir ihre Adresse."

Eleonore tat entrüstet. „Nun glaub' ich dir's aber bald. Du wirst dich doch nicht als Tugendheld aufspielen wollen? Ich meine, du solltest solchen zarten Dingen gegenüber nicht ohne Verständnis sein. Es ist ja bekannt, daß du nicht ohne Erfahrung auf diesem Gebiet bist."

In Herbert stieg Zorn und Verachtung auf. „Ich bin nicht verpflichtet, dir darüber Rechenschaft zu geben", antwortete er in nicht gerade liebenswürdigem Ton. „Aber du sollst es doch wissen, daß ich in diesen Dingen eine andere Anschauung habe und heute anders darüber denke. Ich will nicht mehr als Spielerei betrachten, was ernst und für das ganze Leben folgenschwer ist, und soweit es in meiner Macht steht, werde ich es verhüten, daß Fränzi eine derartige Richtung einschlägt. Gib mir die Adresse meiner Schwester."

Eleonore war über die Antwort Herberts derartig verblüfft, daß sie ihm widerspruchslos das Strandhotel in Cranz nannte.

Als sie ihrer Mutter die Nachricht von der heimlichen Abreise ihrer Freundin brachte, schien Frau Klinghammer ihre Äußerung über die Liebenswürdigkeit Franziskas vergessen zu haben. „Was fällt denn diesem dummen Fratzen ein!" schimpfte sie empört. „Die bringt uns ja in das schönste Gerede. Nun hätte sie doch wahrhaftig noch eine Woche warten können, bis sie Fred traf. Aber der Bengel hat ihr vollständig den Kopf verdreht. Na, das ist Wasser auf die Mühle ihrer überspannten Tante."

Die Abendpost brachte eine Karte von Franziska an Klinghammers, auf der sie bat, man möge ihr nicht böse sein und sich keinesfalls Sorgen machen, sie sei gut angekommen und habe schon einen schönen Tag mit Fred verlebt. Sie hoffe, daß der kranke Fuß sich rasch bessere, so daß Frau Klinghammer und Eleonore bald nachkommen könnten. Auf jeden Fall müsse es verhütet werden, daß irgend jemand von ihren Leuten etwas von ihrer früheren Abreise erfahre.

„Daran hättest du eher denken müssen", sagte Frau Klinghammer. „Wer weiß, ob sie nicht bereits ein Telegramm von ihrem gestrengen Herrn Bruder hat. Diese fromme Tante scheint doch schon das ganze Haus verhext zu haben."

Herbert Brenner war voller Unruhe zum nächsten Postamt geeilt, um seiner Schwester zu telegraphieren. Erst als er das Telegramm ausgefüllt hatte, kam es ihm zum Bewußtsein, daß er eigentlich kein Recht hatte, Franziska ohne weiteres nach Hause zu beordern. Wahrscheinlich würde sie ein Telegramm mit seiner Unterschrift auch kaum zur Heimkehr bewegen. So blieb ihm gar nichts anderes übrig, als zurück nach Hause zu eilen, um den Vater von der besorgniserregenden Angelegenheit in Kenntnis zu setzen. Viel lieber hätte er sich der Tante anvertraut, aber es schien ihm unverantwortlich, die Kranke mit dieser Sache zu beunruhigen. Wie konnte Franziska aber auch so etwas tun? Und wer mochte dieser Mensch sein, mit dem sie sich getroffen hatte? — Mein Gott, wenn das ein minderwertiger Charakter wäre? — Undenkbar, daß das Mädchen nicht weiter überlegt hatte. —

Als Herbert nach Hause kam, sagte ihm Auguste, daß Fräulein Brenner ihn zu sprechen wünsche. Er erschrak über ihr Aussehen. Sie mußte ernstlich krank sein. „Du hast mich rufen lassen?" sagte er und beugte sich über die Kranke.

Ihre fieberglänzenden Augen waren angstvoll auf ihn gerichtet, „Was ist mit Franziska?"

Da konnte er nicht anders, als ihr alles erzählen.

„Ich hab's geahnt", antwortete sie, und Tränen traten in ihre Augen. „Ich hab's geahnt! — Du mußt sofort mit dem Vater sprechen."

Als Professor Brenner endlich begriffen hatte, worum es sich handelte, da wußte er nichts anderes als zu jammern: „O hätte ich nur auf meine Schwester gehört!" Und Herbert mußte zur Post eilen und das Telegramm in seinem Auftrag aufgeben: „Erwarte Dich morgen zurück. — Vater."

„Und was gedenkst du zu tun?" Fred Wolkert, der zweiundzwanzigjährige Student, saß mit Franziska Brenner im Garten des Strandhotels in Cranz. „Du wirst dir doch nicht mit diesem unsinnigen Telegramm deine Ferien verderben lassen. Ich bin überzeugt, daß dein Vater nichts davon weiß. Das kommt einzig und allein von dieser überspannten Tante. So wie du sie mir beschrieben hast, ist ihr so etwas zuzutrauen."

Franziska hielt das Telegramm, das ihr soeben der Hoteldiener überreicht hatte, in der Hand und blickte unschlüssig darauf nieder. Sie glaubte nicht, daß es von Tante Henni kam. Und wenn der Vater sich aufraffte, ihr ein Telegramm zu schicken, dann mußte es schon ernst sein. Aber gewiß war der Wille der Tante wieder der Ausgangspunkt.

„Was denkst du?" fragte der junge Wolkert und legte den Arm um sie. „Du wirst nicht abreisen — das wirst du mir nicht antun."

Die Hotelkapelle begann zu spielen. Umschmeichelt von den zarten Geigentönen, betört von Freds geflüsterten Worten ließ Franziska die Unruhe ihres Herzens erst gar nicht aufkommen. Nein, sie ließ sich einfach nicht zwingen. Monatelang hatte sie sich auf diese Ferienwochen gefreut, und mit dem Vater würde sie schon fertig werden. „Ich bleibe hier", sagte sie und warf den Kopf trotzig in den Nacken. „Deine Tante, Frau Klinghammer, hat recht: ich lasse mir nicht mein Inneres vergewaltigen, besonders jetzt, wo wir endlich beisammen sind. Nein, ich fahre nicht. Ich schreibe noch heute abend an den Vater und erkläre ihm, was er wissen kann." —

Nach dem Abendessen war Tanz im Hotel. Dabei wurde es spät. Und dann lockte der wundervolle, mondhelle Sommerabend zu einem Spaziergang am Meeresstrand. Als Franziska endlich in ihr Zimmer kam, war sie so müde und von den Erlebnissen des Tages so abgespannt, daß sie nicht mehr fähig war, den Brief an den Vater zu schreiben. Morgen — gleich morgen früh, nahm sie sich vor, als sie ermattet in ihr Bett sank. Am nächsten Vormittag hatte Fred Wolkert jedoch eine gemeinsame Segelfahrt vorgesehen, und den Nachmittag verbrachte man im Strandbad. Fred war so unterhaltend und wußte soviel in den Tag zu bringen, daß es Abend wurde, ehe man es dachte. Und wieder wurde das Schreiben des Briefes auf den nächsten Tag verschoben. Als Fred am andern Morgen gleich nach dem

Frühstück wieder einen Vorschlag für den Tag brachte, entschloß sich Franziska, wenigstens eine Karte nach Hause zu schreiben.

In Güntherstal hatte soeben der alte Arzt das Haus des Professors Brenner verlassen. „Ich bin in Sorge um das Fräulein", sagte er zu Auguste, die ihn zur Tür begleitet hatte, „sie kommt mir so seltsam erregt vor, und das taugt nie bei einer so plötzlichen Erkrankung. Die Entzündung hat alle beiden Lungen erfaßt, hoffentlich geht es gut vorüber."

Schweren Herzens ging Auguste in das Haus zurück. Sie wußte um die Unruhe des Fräuleins. Die bangte und grämte sich zu Tode wegen dieser undankbaren Franziska. Aber das eine war sicher: wenn etwas passierte, so hatte die und niemand anders das Fräulein auf dem Gewissen. Auguste steigerte sich in Groll und Zorn. Sie hatte die Pflege der Kranken übernommen und litt mit Henriette unter der Angst und Unruhe um die Nichte. „Ist sie noch nicht zurückgekommen?" so fragte sie wiederholt, und ihre Gedanken irrten umher und suchten das Mädchen.

Aber Franziska kam nicht. Statt dessen brachte der Briefträger dem Professor eine Karte:

„Lieber Papa! Sei mir nicht böse, daß ich nicht zurückkomme, es ist so herrlich hier an der Ostsee, und Du brauchst Dir wirklich keine Sorgen um mich zu machen, es passiert mir nichts. Ein Verwandter von Frau Klinghammer, der ebenfalls hier ist, begleitet mich auf meinen Spaziergängen, so daß ich nicht ohne Schutz bin. Außerdem kommen Frau Klinghammer und Eleonore in diesen Tagen. Nicht wahr, Du gönnst mir die Freude und läßt mich hier? Herzliche Grüße Deine Fränzi."

Professor Brenner ließ sich beruhigen. Wenn sie mir etwas verheimlichen wollte, würde sie bestimmt nichts von dem Verwandten der Frau Klinghammer schreiben, dachte er. Und wenn nun Eleonore und deren Mutter zu ihr reiste, so brauchte man sich gewiß nicht länger zu sorgen. Nur keine neue Unruhe. Die plötzliche Erkrankung seiner Schwester machte ihm schon genug zu schaffen. Was sollte nur werden?

Obgleich Henriette erst wenige Tage lag, fehlte sie jedem und überall. Auguste hatte selbstverständlich sofort die Pflege übernommen. Demzufolge waren alle ziemlich auf sich selbst angewiesen. Ruth versuchte hin und wieder Tee zu kochen oder Kartoffeln zu schälen und wurde von dem großen Bruder so gut es ging darin unterstützt. Aber es war doch nichts Rechtes. Der Gedanke an die Ferien schien bei allen ganz ausgeschaltet. Henriette hatte Herbert den Vorschlag gemacht, wenigstens mit den beiden Geschwistern zu reisen. Das lehnte dieser aber ganz entschieden ab.

Franziskas Antwort auf das Telegramm empörte Herbert geradezu. Er begriff nicht, wie seine Schwester so handeln konnte, wie nötig wäre sie gerade jetzt hier gewesen. Sie hätte doch gewiß sich in den Angelegenheiten der Küche und des Hauses besser zurechtgefunden wie Ruth. Auguste mußte bald am Ende ihrer Kraft sein. Tagsüber brachte sie die Zimmer in Ordnung, bereitete das Essen vor und pflegte die Kranke und wich auch nachts nicht von ihrem Bett. Den Vorschlag, eine Pflegerin zu nehmen, wies sie voller Entrüstung von sich.

„Was soll nun werden, wenn Sie uns auch noch zusammenbrechen?" fragte Herbert und blickte der treuen Alten in das müde Gesicht.

„Um mich ist's nit schad", antwortete sie, „wenn ich nur unserm guten Fräulein helfen könnt'."

Da setzte Herbert sich hin und schrieb einen langen Brief an seine Schwester, worin er sie daran erinnerte, daß die Tante während der Zeit ihres Hierseins nie an sich selbst gedacht habe und zu jedem Opfer für die Kinder ihres Bruders bereit gewesen sei. Er schilderte ihr den Ernst der Krankheit und daß der Arzt in großer Sorge sei, ob sie die doppelseitige Lungenentzündung überstehe. Zuletzt forderte er sie auf, unverzüglich die Heimreise anzutreten, da sie nötig gebraucht werde. Diesen Brief sandte er durch Eilpost an die Schwester. Außerdem hatte er an Pfarrer Winter geschrieben und ihm von der schweren Erkrankung der Tante Mitteilung gemacht.

Franziska kam auf Herberts Brief nicht nach Hause. Fred wußte ihr jeden Zweifel zu nehmen. „Hat eigentlich dein Bruder bei euch zu Hause Bestimmungsrecht, oder ist dein Vater maßgebend? Wenn letzterer auf deinem Heimkommen bestehen würde, hätte er dir auf deine Karte längst geantwortet. Laß dich nur nicht so knechten!"

Am nächsten Tag brachte der Bote wieder ein Telegramm für Fräulein Brenner. Fred Wolkert, der sich gerade in der Hotelhalle befand, nahm dasselbe an sich. „Ich werde es meiner Braut geben." Er nahm es aber zuerst auf sein Zimmer, wo er es ohne Gewissensbisse öffnete und las: „Komme sofort zurück, Tante Henni stirbt, verlangt nach Dir. Herbert."

Es bedurfte für Fred keiner Überlegung, er würde Franziska das Telegramm nicht aushändigen, wenigstens nicht gleich. Was sollte sie jetzt zu Hause? Wer weiß, ob diese Tante wirklich so ernstlich krank war. Vielleicht glaubten sie, Fränzi mit dieser Nachricht eher zur Abreise bewegen zu können. Und wenn sie wirklich am Sterben war, nun, dann schien es ihm besser, wenn sie ohne Beisein der Nichte die Augen schloß, denn die beiden vertrugen sich ja doch nicht. Franziska hatte es ihm mehr als einmal geschrieben und auch erzählt. Nein, nein, das Telegramm würde vorerst einmal sicher verwahrt in seiner Westentasche ruhen. Er war nicht gewillt, sich sein Ferienvergnügen stören zu lassen. Zumal er Franziska nur noch ein paar Tage für sich allein hatte. Dann würden Klinghammers kommen. Er mußte die Tage schon noch ausnützen. — Da kam sie eben durch den Park, um ihn zum Tennisspiel zu holen. Wie reizend sie in dem weißen Kleid aussah. Also schnell das Telegramm fort.

Im Hause des Professors Brenner ging man auf Zehenspitzen und sprach nur im Flüsterton. Die beiden Kleinen hatten verweinte Augen und saßen wie zwei verschüchterte Vögelchen in den Ecken herum. — Tante Henni würde sterben. — Der Doktor hatte gesagt, er habe nur noch wenig Hoffnung. Nur der liebe Gott könne hier noch ein Wunder tun.

Herbert war totenblaß in das Zimmer seines Vaters gestürzt. „Papa — Tante Henni stirbt!"

Der Professor war von seinem Schreibtisch hochgefahren. „Was sagst du, Junge? — Das kann doch nicht sein, sie war doch sonst immer ganz gesund."

„Aber Doktor Greilsdorf sagt es doch." Wie ein Schluchzen drangen die Worte aus Herberts Mund.

„Ach Junge, Junge — wie schrecklich — und es ist meine einzige Schwester. — Was sollen wir nur ohne sie machen? In all den Jahren hat es nicht so geklappt wie jetzt, seitdem sie hier ist. Was sollen wir nur tun?" — Und der Professor suchte auf seinem Schreibtisch herum und blätterte mit hilfloser Gebärde in einem Buch, als fände er da die Antwort auf diese bangen Fragen. Wie arm war dieser an Wissen so reiche Mann in diesen Augenblicken. Er hatte sich in seinem Leben so gut wie gar nicht mit Gott und Ewigkeit beschäftigt und wußte jetzt, wo der Tod wieder an der Schwelle seines Hauses haltgemacht hatte, nicht, wie ihm zu begegnen. Er war auch nicht imstande, seinen

Kindern, die sich in ihrem Leid um die geliebte Tante so einsam fühlten, auch nur den geringsten Trost zu bieten.

Herbert war schon längst wieder davongeeilt. Er wußte, der Vater konnte ihm in diesem Augenblick nichts sein. Er ahnte wohl auch nicht, was er an Tante Henni verlor. Sie war ihm im wahrsten Sinne des Wortes Mutter gewesen. An der Türe ihres Zimmers blieb er stehen und lauschte. Die röchelnden Atemzüge der Kranken drangen zu ihm heraus. — Und nun hörte er sie sprechen, mühsam, aber doch für ihn vernehmlich: „Fränzi — Franziska — ist sie noch nicht da?" Herbert preßte die Fäuste an die Schläfen, er ertrug es fast nicht mehr. Seit Stunden wiederholte die Tante nur dies eine Wort: „Franziska!" Sie konnte nicht zur Ruhe kommen aus Sorge um die Nichte. Warum kam sie nicht? Sie mußte das Telegramm längst erhalten haben. Konnte sie diesen unbegreiflichen Groll gegen die Tante nicht überwinden, nicht einmal jetzt, wo sie als Sterbende nach ihr rief? — Es klingelte draußen an der Eingangstüre. Vielleicht kommt sie doch noch, hoffte Herbert, und eilte hinaus, um zu öffnen. Im einfachen Reisekleid stand Adelheid Weinberg vor ihm. „Heidi!" rief Herbert und fand kein weiteres Wort.

„Frau Pfarrer Winter schickt mich. Sie meint, ich sei bei euch nötiger als im Pfarrhaus." Ein wenig zaghaft klang ihre Stimme.

Herbert aber faßte die beiden Hände des jungen Mädchens. Daß gerade sie es war, die in dieser Stunde seiner inneren Not kommen mußte! „Heidi — Heidi, du kommst zur rechten Zeit!" Und plötzlich mußte er sich abwenden. Er schämte sich vor ihr, aber er konnte es nicht verhüten, daß Tränen über sein Gesicht liefen.

Da griff das junge Mädchen schüchtern nach seiner Hand. „Ich verstehe dich, Herbert, du verlierst zum zweitenmal eine Mutter."

Frau Klinghammer war mit ihrer Tochter in Cranz angekommen. Laut und lebhaft begrüßte sie Franziska und den Neffen. „Na warte, Fränzi, du hast uns ja einen schönen Schreck eingejagt, brennst uns einfach durch. — Das wird ja noch ein Nachspiel geben, wenn du nach Hause kommst. — Aber eigentlich muß ich ja meinem Herrn Neffen zürnen." Sie hob drohend den Finger. „Du hast ja die Glut entfacht, so daß dieser Brand daraus wurde. — Au, mein Fuß! — Ist immer noch nicht ganz in Ordnung. — Hallo! Gepäckträger! Ein Auto, bitte! — So, Kinder, nun hinein — danke, Fred — ja, so geht es — so sitze ich bequem. — Au, Eleonore, gib acht, daß du mich nicht stößt. — Fred, hast du dem Chauffeur gesagt, daß wir zum Strandhotel wollen?"

Kein anderer kam zu Wort, und so fiel es nicht auf, daß Franziska schweigsam war. Als man aber etwas später im Speisesaal gemeinsam das Mittagessen einnahm, blickte Frau Klinghammer forschend in das Gesicht des jungen Mädchens.

„Nanu, Fränzi, was ist denn mit dir los, du bist ja so still, gefällt es dir hier nicht, oder habt ihr gar schon Streit miteinander, ihr beide?"

Fred versicherte lachend, daß dem nicht so sei, und wandte sich dann an Franziska: „Nicht wahr du, wir haben doch herrliche Tage gehabt!"

Franziska bestätigte dies, blieb aber einsilbig.

„Sie ist sicher etwas müde", fuhr Fred fort. „Wir haben allerlei Ausflüge gemacht. Übrigens findet morgen abend hier im Strandhotel ein großer Ball statt, es sollen allerlei hohe Persönlichkeiten daran teilnehmen."

„Ein Ball?" — Das ist ja herrlich!" Eleonore war begeistert. „Du, Fränzi, findest du das nicht wonnig? Aber Mutti, was soll ich denn dabei anziehen? Zu solch einem festlichen Anlaß gehört ein besonderes Abendkleid. Ich weiß nicht, ob unter denen, die wir mitgebracht haben, ein für diesen Zweck passendes ist. Fränzi, warum sagst du denn nichts? Freust du dich denn gar nicht darauf?"

Nun mußte Franziska sich wohl oder übel aufraffen und sich an dem Gespräch beteiligen. „Doch sicher — warum soll ich mich nicht darauf freuen?"

„Hast du denn ein passendes Abendkleid?"

„Ach, ich denke, daß sich unter meiner Garderobe schon eins befindet."

„Ich will euch etwas sagen", schlug Frau Klinghammer vor, „wir fahren heute nachmittag mit einem Auto nach Königsberg und kaufen für euch beide gleich zwei neue Ballkleider. Ein solch außergewöhnliches Fest soll euch auch eine außergewöhnliche Freude bringen. Du, Fred, kannst uns gewiß ein Auto besorgen und wirst uns heute nachmittag begleiten. Zumal du in Königsberg nicht fremd bist."

„Aber natürlich, Tante, mit größtem Vergnügen."

„Ich finde es herrlich hier", fuhr Frau Klinghammer fort und lehnte sich bequem in ihren weichen Sessel. „Dieser Speisesaal wirkt einfach prachtvoll, und es ist anzunehmen, daß man unter den anwesenden eleganten Gästen nette Bekanntschaften anknüpfen kann. Kinder, wir werden herrliche Zeiten hier erleben."

Als Fred sich nach dem Essen mit der Tante und Eleonore auf der Terrasse traf, wo der Mokka eingenommen wurde, fragte Eleonore: „Was ist denn eigentlich mit Fränzi, sie kommt mir so verändert vor?"

„Ach, sie war bisher ganz heiter und vergnügt", antwortete Fred. „Vielleicht macht ihr doch der Brief ihres Bruders zu schaffen. Es ist nur gut, daß ich ihr das Telegramm unterschlagen habe."

„Was für ein Telegramm?" Wie aus einem Munde fragten Mutter und Tochter.

Fred entnahm dasselbe seiner Tasche und berichtete lachend.

„Aber um Gottes willen, Fred, das hättest du nicht tun dürfen!" Frau Klinghammer sah ganz bestürzt aus. „Ich bitte dich, wenn Fräulein Brenner nun wirklich stirbt!"

In diesem Augenblick betrat Franziska die Terrasse und sah das Telegramm in der Hand des jungen Mannes. „Für mich etwa?" fragte sie und kam erschrocken näher. Ehe Fred das Blatt wieder fortstecken konnte, hatte sie es bereits ergriffen und gelesen. „O Gott! Wann ist das gekommen?" Sie war totenblaß geworden.

„Also komm, Fränzi, sei vernünftig", erwiderte Fred und zog sie neben sich auf einen Stuhl. In seiner Stimme jedoch lag eine gewisse Unruhe, als er ihr die ganze Sache erzählte. „Ich wollte doch nicht, daß du abfuhrst, es war bestimmt am besten, daß du gar nichts davon zu wissen bekamst."

„Aber wenn sie nun tot ist?" Wie ein Hauch kam es von Franziskas Lippen.

Nun aber redeten alle drei auf sie ein. „Es geht ihr bestimmt besser, sonst hättest du Nachricht erhalten."

„Und wenn es wirklich so schlimm um sie steht, könntest du ihr doch nicht helfen."

„Übrigens habt ihr beide euch nie gut verstanden", fügte Frau Klinghammer hinzu, „ich finde, daß es da viel besser ist, daß du dich von ihr fernhältst, wenn es wirklich mit ihr zum Sterben kommen sollte. Ihr erspart euch da gegenseitige Aufregungen." Das alles war so überzeugend gesprochen, daß Franziska es gerne annahm.

„Und nun, mein Liebling, sei nicht mehr traurig, du schreibst morgen ein Briefchen nach Hause und fragst den Papa, wie es der Tante geht." Frau Klinghammer zog das junge Mädchen an sich. „Törichtes Kind, dir solche dumme Gedanken zu machen, so bedrückt habe ich dich noch gar nie gesehen. Komm, sei wieder lustig und vergnügt, und heute nachmittag fahren wir zusammen nach Königsberg und suchen die schönsten Kleider aus, die es gibt. Das soll morgen ein Fest werden!"

Franziska aber bat, nicht mitfahren zu müssen. „Laßt mich hier, ihr werdet mir schon das passende Kleid mitbringen." Eine solche Gleichgültigkeit in der wichtigen Angelegenheit eines Kleiderkaufes war einfach nicht zu begreifen. Alles Zureden half nichts, Franziska beharrte darauf, im Hotel zu bleiben.

„Dieses blödsinnige Telegramm", grollte Eleonore. Und Fred fügte hinzu: „Na, schlaf dich heute nachmittag gründlich aus, du bist nur übermüdet."

Franziska ging auf ihr Zimmer. Ach, sie hatten ja alle keine Ahnung von dem, was sie in Wirklichkeit bedrückte. Oder — ob Fred es wußte? Gewiß, die Nachricht von der heftigen Erkrankung der Tante beunruhigte sie auch, aber es war mehr die Angst vor dem Vater und Bruder. Die eigentliche Ursache ihres bedrückten Wesens war eine ganz andere. Sie warf sich auf ihr Ruhebett. Vielleicht konnte sie ein wenig schlafen. Etwas später hörte sie das Auto nach Königsberg abfahren. Aus dem Pavillon drang Musik zu ihr herauf. Lachen und lautes Sprechen schallte durch die Gänge des Hauses und aus dem Garten herauf. Nein, hier fand sie keine Ruhe. Sie nahm ihre Badesachen, um an den Strand zu gehen. Überall traf sie fröhliche Menschen, die sich ihrer Ferienfreude gänzlich hingaben. Sie mußte weit gehen, um eine stille, unbelebte Strandstelle zu finden. Wie herrlich war es, sich in dem weichen Sand ausstrecken zu können. Über ihr wölbte sich ein sommerlich klarer Himmel. Vor ihr breitete sich der gewaltige Meeresspiegel aus. Einzelne Möwen flogen schreiend um den Strand und suchten nach Beute. In einiger Entfernung saß ein Ehepaar bei seinem Boot. Fischersleute, die ihre Netze flickten. Das Anschlagen der Wellen schien der einzige Ton in der Stille dieses Sommertages zu sein. Wie schön, wie unbegreiflich schön war es doch hier. Warum nur konnte sich Franziska nicht mehr daran freuen, wie es in den ersten Tagen gewesen war, wo sie überwältigt und wie berauscht vor der gewaltigen Schönheit des Meeres gestanden hatte? Ach, sie wußte es nur zu gut. Von einem bisher nie gekannten Glücksgefühl erfüllt, war sie hergekommen. Fred Wolkert, der für sie der Inbegriff alles Glückes geworden war, wartete auf sie. Sie glaubte nichts anderes, als einer Reihe von Festtagen entgegenzugehen. In seinen Briefen hatte Fred ihr die gemeinsame Ferienzeit so geschildert. Wie stolz war sie auf diese Briefe gewesen, die voll sprühenden Lebens, frischer Jugendfreude, Humor und Geist waren. Es war ihr erstes derartiges Erleben, und sie meinte in Fred ihr Ideal zu sehen. In den ersten Tagen war es auch wirklich nett gewesen. Man hatte Ausflüge gemacht, Segelbootfahrten unternommen und alles war so, wie Franziska es sich vorgestellt hatte. Dann aber hatte Fred begonnen, so eigenartig zu reden. Sie fand es oft direkt anzüglich und unfein. In seinem Blick lag etwas Unheimliches, und seine Zärtlichkeiten flößten ihr unerklärliche Furcht ein. Als sie ihm wehrte, war er böse geworden und hatte behauptet, sie liebe ihn nicht. Dann wieder hatte er sie mit zärtlichen Worten überhäuft — und gestern hatte er Dinge ausgesprochen — oh, sie errötete noch jetzt, wenn sie daran dachte, daß ihr das Blut in die Wangen gestiegen war und sie das Empfinden hatte, als sei sie allein schon durch diese anzüglichen Worte entehrt. Und sie hatte ihn voller Entsetzen angesehen und sich plötzlich von ihm losgerissen. Sie war auf ihr Zimmer geeilt, wo sie die Tür angstvoll hinter sich zugeschlossen hatte. Er aber war ihr nachgekommen, hatte verlangt, daß sie ihn einließe, und war furchtbar zornig geworden, als sie es nicht tat. Als er dann endlich gegangen war, hatte sie mit fliegenden Pulsen und klopfendem Herzen an der Wand gelehnt. Plötzlich war ihr alles klargeworden. Wie konnte sie sich während all dieser Tage in solche Gefahr begeben? Die ganze Nacht hatte sie keinen Schlaf finden können. Wie eine furchtbare Erkenntnis war es über sie gekommen. Sie hatte die ganze Sache als ein interessantes Jugenderlebnis betrachtet — Zukunftspläne waren dabei kaum bedacht worden —, er aber, Fred, hatte dieses Verhältnis von einem ganz anderen Standpunkt aus angesehen. — Oh, sie schämte sich — sie schämte sich. —

Am nächsten Morgen hatte sie gar nicht ins Frühstückszimmer hinuntergehen wollen. Dann aber brachte ihr das Zimmermädchen einen prachtvollen Rosenstrauß mit einem Brief von Fred, in dem er ihr seine Liebe beteuerte und sie mit flehenden Worten bat, ihm nicht zu zürnen und den gestrigen Tag zu vergessen. Franziska aber konnte die Last nicht los werden. Sie zwang sich jedoch, zu ihm hinunterzugehen. Sie schämte sich, ihm in die Augen zu blicken. Aber obgleich er sich bemühte, ihr Vertrauen wiederzugewinnen, wurde sie das Gefühl des Grauens und der Angst nicht los.

Und nun lag sie hier am Strand und hatte das Empfinden, als habe sie an einem Abgrund gestanden. Alles, was noch vor wenigen Tagen so hell, so sonnig und froh geschienen hatte, lag jetzt im Schatten und verursachte ihr ein inneres Frösteln. Plötzlich hatte sie den Wunsch, weit hinauszuschwimmen, ein erquickendes Bad zu nehmen. Ja, das würde ihr gut tun, vielleicht waren ihre Nerven wirklich überreizt. Franziska war eine gute Schwimmerin. Sie warf sich den Wellen entgegen und durchschnitt sie in starken, gleichmäßigen Bewegungen. Ah — das tat gut! Kühl und befreiend umschmeichelten die Wogen ihren Körper. Immer weiter schwamm sie hinaus, ohne Ermüdung zu verspüren. Dann wieder legte sie sich auf den Rücken und ließ sich von den Wellen tragen, um sich gleich darauf wieder den Wogen entgegenzuwerfen. Es war ihr, als müsse sie eine Kraftprobe vor sich selbst bestehen. Ob sie glaubte, auf diese Weise die inneren Lasten abwerfen zu können?

Endlich schien es ihr ratsam, umzukehren und dem Strand entgegenzuschwimmen. Mit kräftigem Schwung warf sie sich herum. Aber — was war das? Sie kam ja nicht vorwärts, es war, als ob sie von unsichtbarer Hand zurückgehalten würde — und nun sah sie voller Entsetzen, daß die Strecke bis zum Strand eine weit größere war, als sie geglaubt hatte. Aber sie mußte und würde es schaffen. Noch einmal warf sie sich auf den Rücken und verharrte eine Weile reglos in dieser Stellung, um auszuruhen und neue Kräfte zu sammeln. So, jetzt würde es gehen. Aber wieder war es dasselbe. Wieder fühlte sie unsichtbare Hände nach ihr greifen, fühlte sich zurückgezogen, kam trotz aller Kraftanstrengung nicht vorwärts.

Gott im Himmel, was war das? Jetzt fuhr es ihr heiß durch den Sinn, daß der Schwimmeister am Strandbad die Badegäste oft gewarnt hatte, sich nicht zu weit hinauszuwagen, da die Unterströmung im Meer ein Zurückschwimmen verhindern könne. — Ganz gewiß, das war es! — Aber es mußte gelingen, sie mußte den Strand erreichen. Franziska setzte ihre ganze Kraft ein, aber sie merkte es deutlich, wenn sie einen Meter vorwärtsgeschwommen war, zog die Unterströmung sie wieder eine ganze Strecke zurück. Wie sollte sie so den Strand erreichen? — Es wurde ein Ringen zwischen Leben und Tod. Franziska fühlte ihre Kräfte erlahmen. Schwarze Ringe tanzten vor ihren Augen — ihre Brust wogte, der Atem keuchte. — Gott im Himmel, soll ich hier ertrinken, ich komme nicht vorwärts, ich mühe mich umsonst ab!

Und während sie so im Kampf mit den Wogen lag, war es ihr, als rolle ein Film vor ihren Augen ab. Ihr ganzes Leben schien in wenigen Augenblicken an ihr vorüberzuziehen. Sie sah sich zu Hause im Umgang mit den Geschwistern, hörte die bittenden Worte der Tante, meinte ihre eigenen rücksichtslosen, ungezogenen Antworten zu vernehmen — sah plötzlich das Telegramm des Vaters vor sich: „Erwarte dich sofort zurück!" — sah die Tante sterbend in ihrem Zimmer liegen und meinte sie angstvoll rufen zu hören: „Franziska! Franziska!" Und plötzlich fiel es ihr wie Schuppen von den Augen und sie erkannte, was sie bis jetzt nicht sehen wollte, wogegen sie bisher sich bewußt gesträubt hatte: ihre unbeschreibliche Selbstsucht. Alles, alles wurde ihr klar, auch die Unwürdigkeit ihres Verhältnisses mit Fred Wolkert. — Und nun sollte sie sterben? — Gott im Himmel, wenn es Wirklichkeit war, daß es ein Leben nach dem Tode gab, daß man einem höheren Richter Rechenschaft ablegen müßte, wie sollte sie da bestehen!? — Sie fühlte genau: lange hielt sie den Kampf mit den Wellen nicht mehr aus. Ihre Kräfte nahmen mit jedem Augenblick mehr ab, elend und einsam würde sie hier umkommen, fern von der Heimat — fern von ihren Lieben — und was das Schlimmste war, sie hatte keine Gelegenheit mehr, etwas gutzumachen. Es war zu spät! Wäre sie jetzt zu Hause! Hätte sie diese unselige Reise nie unternommen! Könnte sie noch einmal, nur noch einmal bei den Ihren sein! Zu spät! Niemand war da, der ihr helfen konnte.

Oder doch? — Ob die Fischersleute ihr Rufen vernehmen könnten? „Hilfe! Hilfe!" — Ihre Stimme klang so kraftlos, ihr Körper war von den übermäßigen Anstrengungen vollständig geschwächt. — „Hilfe! Hilfe!" — O nur noch einmal zurück ins Leben können, gutmachen — von vorne anfangen können. — „Hilfe!" — Die Schwimmbewegungen wurden immer matter. Der Körper sank tiefer. — „Hil—fe! — Vater! — Herbert! Ruth! Peter! Peter! — Mein Peterlein! — Hilfe, Tante Henni — o könnt' ich beten wie du! — Vergib mir! — Hil—fe! — Gott — erbarme dich — —!"

„Halt sie fest! Vater, halt sie fest! Sie ist ohnmächtig oder gar schon tot! Ja gewiß, o Gott im Himmel, sie ist tot, solch schönes, junges Menschenkind. — Es ist — —"

„Halt deinen Mund und hilf mir, sie ins Boot zu legen, mit deinem Geschrei wirst du sie nicht retten!"

Mit kräftigen Ruderschlägen lenkte der Fischer das Boot dem Strande zu, während seine Frau es nicht unterlassen konnte, das blasse Gesicht des jungen Mädchens zu streicheln, und das arme, arme Ding, das noch im Tode so schön aussah, zu bedauern. Franziskas Kopf lag im Schoße der Frau, und diese wagte sich kaum zu rühren.

„Wie kannst du behaupten, daß sie tot ist? Verlier jetzt nur nicht soviel Worte und tu deine Pflicht", sagte der Mann.

Nicht viel später hatten sie gemeinsam das leblose Mädchen auf den Strand gelegt, und der Fischer begann mit Hilfe seiner Frau sofort Wiederbelebungsversuche zu machen.

„Sie ist tot!" jammerte sie.

„Sie ist nicht tot", erwiderte er ruhig, „wir müssen vor allen Dingen vor uns selbst das Bewußtsein haben, alles getan zu haben, was menschenmöglich ist, um sie zu retten."

Der Schweiß rann von den Gesichtern der Fischersleute, aber nach etwas mehr als einer Stunde erwies sich ihre Mühe nicht umsonst.

Ein tiefer Seufzer entrang sich der Brust Franziskas. Dann schlug sie die Augen auf. „Wo bin ich? Was ist mit mir?" Angstvoll blickte sie um sich. „Bin ich nicht tot, o Gott, bin ich nicht tot?"

„Du bleibst bei ihr!" rief der Fischer seiner Frau zu, und rannte davon.

Diese aber begann nun einen Wortschwall auf die völlig Erschöpfte loszulassen: „Wir dachten an nichts Arges, nur mein Mann sagte, er wundere sich, daß das Fräulein so weit in die See hinausschwimme. Wir hatten gesehen, wie Sie ins Wasser gingen. Mein Mann ist ein alter Seefahrer, er kennt das Meer, und blickte immer wieder zu Ihnen hinaus. Plötzlich schrie er auf: ‚Die kann nicht zurück, die geht unter!' Im nächsten Augenblick hatte er auch schon das Boot losgemacht, mich mit hineingerissen, und ruderte drauflos. Sie waren schon besinnungslos, als wir Sie ins Boot zogen, ich glaubte bestimmt, Sie seien tot — ach du mein Vater im Himmel, so jung noch, und schon sterben!"

Die Worte der Fischersfrau drangen wie unerklärliche Geräusche an Franziskas Ohr. Sie konnte keinen Zusammenhang finden. Nur eines begriff sie: gerettet, im letzten Augenblick gerettet. — Ganz still lag sie, noch zu matt, um auch nur ein Wort sprechen zu können. Aber wie ein großes Geschenk aus Gottes Hand nahm sie das ihr wiedergegebene Leben hin. Leben! — leben! — Verfehltes soweit wie möglich gutmachen, einen neuen Weg einschlagen, nach Gott fragen, ein neuer Mensch werden! — O Gott im Himmel, hab Dank, hab Dank! Noch liegt die Zukunft wie ein dunkles Tal vor mir, noch weiß ich nicht, wie ich es machen muß, daß alles wieder gut wird — aber ich lebe — ich lebe — ich habe noch einmal eine Gelegenheit! Gott — nur er kann es sein — hat sie mir gegeben! Oh, ich will gut werden, ich will anders werden! —

Nur wer auch einmal im Vorraum der Ewigkeit gestanden hat, wer es erlebt hat, daß ihn nur ein Atemzug vom Jenseits trennte, der wird verstehen, was im Herzen Franziskas vor sich ging.

Der Fischer war mit einer Flasche Kognak aus dem naheliegenden Dörfchen zurückgekehrt. Als man ihr einige Tropfen eingeflößt hatte, fühlte sie sich schon stärker. Die Frau holte ihre Kleider herbei und half ihr, sich anzuziehen.

Eine Stunde später saß Franziska in der Hütte der beiden Leute, die sich in rührender Weise um sie bemühten. Sie hatte das Gefühl, als läge eine schwere Krankheit hinter ihr. Die Füße wollten sie nicht tragen. Die Glieder waren ihr schwer wie Blei. Nachdem sie aber noch eine Stunde auf dem Bett der Frau geruht hatte, fragte sie nach einer Möglichkeit, zurück nach Cranz zu fahren. Sie war zu ermattet, um den Weg zu Fuß zurücklegen zu können. Ein Fuhrwerk mit Fischen fuhr nach Cranz. Der Fuhrmann erklärte sich bereit, sie mitzunehmen. Sie schrieb sich den Namen der braven Fischersleute auf und versprach ihnen, sich erkenntlich zu zeigen.

„Daß Sie leben, ist unser größter Lohn", sagte der schlichte Mann und drückte ihr die Hand.

Dann saß sie neben dem Fuhrmann, der sie nach Cranz bringen sollte. Ihr Auge glitt über das Meer, das jetzt glatt wie ein Spiegel im Scheine der Abendsonne friedlich erglänzte, so, als sei es einer heimtückischen Gewalttat nicht fähig. Ein Schaudern durchfuhr Franziska. Sie mußte sich abwenden, weil sie den Anblick des Meeres nicht mehr ertrug. War es erst vor einigen Stunden gewesen, daß sie in den Wellen in Todesangst und Verzweiflung um ihr Leben gekämpft hatte? — Fort — nur fort! Am liebsten hätte sie den Fuhrmann, der in gelassener Ruhe auf dem Wagen saß, zur Eile angetrieben. Es ging ihr nicht schnell genug, bis sie das Hotel erreichte.

Der Speisesaal war hell erleuchtet. Das Abendessen wurde wohl schon eingenommen? Gut so! Franziska eilte, so rasch es ihre körperliche Erschlaffung erlaubte, auf ihr Zimmer.

Ein hauchfeines, lindfarbenes Gesellschaftskleid war auf ihrem Bett ausgebreitet. Demnach mußte Frau Klinghammer mit den beiden schon von Königsberg zurück sein. Franziska lächelte bitter. Wie konnte sie an Spiel und Tanz denken nach dem gewaltigen Erleben dieses Nachmittags! Und dort — dort auf der Erde lag das Telegramm des Bruders: „Tante Henni stirbt!" — Fieberschauer jagten durch den Körper des jungen Mädchens. Wenn es nur nicht zu spät ist! Ihr kam der angstvolle Gedanke, sie sei vielleicht nur aus der Todesnot gerettet, um eine letzte Gelegenheit zu haben, ihre Fehler gutzumachen. „Lieber Gott, laß es nicht zu spät sein!" flehte sie. Es kam ihr gar nicht zum Bewußtsein, daß sie betete — es trieb sie einfach von innen heraus dazu, und an wen hätte sie sich in diesem Augenblick der Angst und Not wenden sollen, als an ihn, der sie so wunderbar vom Tode errettet hatte. Nur jetzt die Last loswerden, nur jetzt nicht denken müssen, daß Tante Henni starb, ohne daß sie mit ihr versöhnt war!

Franziska holte ihren Koffer, riß ihre Sachen aus Schrank und Schubladen. Sie mußte den Nachtzug noch erreichen. Das Gesellschaftskleid dort auf dem Bett mutete sie wie ein Hohngebilde an. Frau Klinghammer — Eleonore, wie würden sie ihre plötzliche Abreise auffassen? — Ach wie unwichtig war das in diesem Augenblick! Und Fred? — Schon der Gedanke an ihn füllte sie mit innerem Abscheu. Daß er es gewagt hatte, derartige Zumutungen an sie zu stellen, hatte jegliche Verbindung mit ihm vernichtet. Nur fort, nur fort!

Frau Klinghammer saß mit ihrer Tochter und dem Neffen noch beim Abendessen, als der Geschäftsführer zu ihrem Tisch trat und ihr einen Brief überreichte. „Fräulein Brenner, die eben mit mir abgerechnet hat, bat mich, Ihnen dieses zu überreichen. Sie war sehr eilig, weil sie noch den Acht-Uhr-Zug benutzen wollte."

Frau Klinghammer erbrach den Brief und las mit vor Erregung zitternder Stimme: „Liebe Frau Klinghammer! Seien Sie mir nicht böse, ich muß sofort nach Hause, damit ich meine Tante vielleicht doch noch lebend antreffe. Franziska."

„Das ist aber doch stark!" brauste Frau Klinghammer

auf. „Besitzt denn das Mädchen überhaupt keinen Charakter? Ohne ein Wort zu sagen, fährt sie davon, als wäre das ganz selbstverständlich. Und ist diese plötzlich auftretende Besorgnis um das Ergehen der Tante nicht lächerlich? Bisher hat sie keinen guten Faden an ihr gelassen. — Na, mir scheint, wir haben uns in deiner Freundin sehr getäuscht, Eleonore."

Diese war ebenfalls voller Entrüstung. „Die ist für mich erledigt, diese alberne Person mit ihrer Geheimnistuerei. Ich habe es ihr aber gleich angemerkt, als wir kamen, daß irgend etwas mit ihr los war. Was sagst du denn zu dieser überspannten Launenhaftigkeit, Fred?"

Der junge Mann aber blieb merkwürdig gelassen. Er ahnte den Hauptgrund von Franziskas plötzlicher Abreise, aber er empfand nicht eine Spur von Schuldbewußtsein und hütete sich, ein Wort darüber zu verlieren. Dieses kleine Abenteuer hatte eben einen andern Verlauf genommen als wie gewünscht, na, es gab auch noch andere Mädchen. — Die da drüben zum Beispiel, die dort in dem blaßgrünen Kleid mit ihrem Vater in der Fensternische saß, war nicht übel und hatte das Aussehen, als ob sie einem kleinen Flirt nicht abgeneigt sei. —

Inzwischen war Franziska nach Königsberg gekommen und wartete dort auf den Nachtschnellzug, der sie nach Berlin bringen sollte. Sie fühlte sich nach dem Erlebnis des Nachmittags so matt, daß sie mitunter meinte, umsinken zu müssen. Aber es war, als ob die Unruhe ihres Innern sie immer wieder antrieb und aufrecht hielt. Endlich war es soweit. Franziska saß in einem vollbesetzten Abteil zwischen den Reisenden und war nur fähig, einen einzigen Gedanken zu beherbergen: Wäre ich doch erst zu Hause! Wenn sie nur noch lebt, wenn sie nur noch lebt! Dann wieder kam es wie Furcht über sie, wenn sie daran dachte, daß der Vater von den hinter ihr liegenden Tagen Rechenschaft verlangen würde. Wie sollte sie nur alles erklären? Und das furchtbare, beschämende Erlebnis mit Fred konnte sie ihm doch gar nicht sagen. So etwas konnte man doch höchstens einer Mutter sagen. Ja — sie fühlte es plötzlich, Tante Henni hätte sie verstanden — ihr hätte sie sich anvertrauen können — oh, wenn sie daran dachte, wie sie vor noch gar nicht langer Zeit in so gütiger Art gebeten hatte: „Schenke mir doch dein Vertrauen — sprich dich mir gegenüber aus — denke doch daran, daß ich an euch Mutterstelle vertreten soll!" — Das entwürdigende Erlebnis mit Fred hatte Franziska so erschüttert, daß es ihr ein Bedürfnis gewesen wäre, sich dieses von der Seele reden zu können. — Aber die einzige, der sie sich hätte anvertrauen können, war am Sterben, oder vielleicht schon tot. — Oh, wenn sie nur noch lebte! — „Lieber Gott, hilf doch — o hilf doch!" — War dieses wirklich ein Schnellzug? — Sie meinte es nicht zu erleben, nach Hause zu kommen. — Links und rechts von ihr saßen die Leute im Wagen zurückgelehnt und versuchten zu schlafen. Franziska aber trat hinaus in den Durchgang des Wagens, lehnte den Kopf an die Scheibe und starrte in die Nacht hinaus. Es war ihr, als klänge es aus dem gleichmäßigen Geratter der Räder wie eine Melodie: Heim! heim!

Endlos schien die Nacht. Und nun hieß es am nächsten Morgen in Berlin umsteigen und noch einmal einen ganzen Tag fahren, bis man am Abend in Freiburg eintraf. Franziska hatte seit der gestrigen Mittagsmahlzeit nichts mehr zu sich genommen, auch nicht für Reiseproviant gesorgt — aber es war ihr, als könne sie nichts genießen, bevor nicht die Last von ihrem Herzen gewichen war. Gegen Abend kam plötzlich eine derartige Schwäche über sie, daß sie kaum noch vom Durchgang in ihr Abteil gelangte.

Eine Mitreisende sprang auf, um sie zu stützen. „Fräulein, was ist Ihnen? Wie sehen Sie aus?"

„O nur eine kleine Schwäche — es geht schon vorüber", flüsterte Franziska. Eine Tasse Kaffee, die die Dame aus dem Speisewagen kommen ließ, half ihr einigermaßen zurecht.

„Sie reisen gewiß in den Süden, um sich zu erholen?" fragte die Dame.

Wenn du wüßtest, dachte das junge Mädchen, daß ich von der Erholung komme. — Ach — war man denn noch immer nicht in Freiburg?

Einige Stunden später stand Franziska mit bangem Herzen vor der Türe ihres Heimathauses. Ihre Hand zitterte — sie wagte kaum, an der Glocke zu ziehen. War der Tod vielleicht doch schon hier eingekehrt? Einen Augenblick mußte sie sich an den Türpfosten lehnen. Der Klang der Glocke schien ihr der einer Totenglocke zu sein. Als die Türe geöffnet wurde, standen sich zwei junge Mädchen gegenüber.

„Bitte?" fragte Adelheid, ohne zu ahnen, daß die Tochter des Hauses vor ihr stand.

Franziska wankte. Sie kam als Fremde in ihr Heimathaus. „Ich bin Franziska Brenner", stammelte sie. Wo war ihr Selbstbewußtsein geblieben?

Adelheid errötete und entschuldigte sich. „Bitte, verzeihen Sie — ich habe das natürlich nicht gewußt." Sie dachte im Augenblick nicht daran, sich selbst vorzustellen, sondern bemächtigte sich sofort des Koffers, um ihn ins Haus zu tragen.

Franziska hätte am liebsten sofort nach dem Ergehen der Tante gefragt, aber plötzlich kam eine Furcht vor der Antwort über sie, daß sie es nicht wagte. Adelheid kam ihr zuvor. „Wie gut, daß Sie noch gekommen sind." Ihre Stimme bebte, als sie weitersprach: „Man erwartet jeden Augenblick den Tod Ihrer Tante."

„Sie lebt noch? — O Gott sei Dank!" Wie von einem Alp befreit atmete Franziska auf.

Währenddessen hörte man vom ersten Stock gedämpftes Rufen: „Adelheid — schnell, kommen Sie herauf!" — Es war wohl Auguste, die rief.

„Entschuldigen Sie einen Augenblick." Das junge Mädchen stellte den Koffer ab und eilte die Treppe hinauf.

Ich will wenigstens erst auf mein Zimmer gehen und dann zur Tante. Schnell, ehe es zu spät ist. — Als sie aber die Türe ihres Zimmers öffnete, blieb sie erschrocken stehen. Es war bewohnt, und auf dem Tisch lag ein Briefumschlag, an Adelheid Weinberg adressiert. Jetzt erinnerte sich Franziska daran, daß die Geschwister von Tante Winters Haustochter erzählt hatten. Das also war sie? — Und man hatte sie gerufen, weil die Tochter des Hauses den Heimweg nicht fand — selbst als eine Sterbende nach ihr rief. — Ein Stöhnen entrang sich ihrer Brust. — Wo sollte sie nur hin? — Sie kam sich heimatlos vor. Es schien ihr, als sei kein Platz mehr im Elternhaus für sie. Ihr eigenes kleines Reich — ihr Zimmerchen — war bewohnt. Eine Fremde nahm ihren Platz ein. — Ach, es war ja nur gerecht so. Sie konnte ja gar nichts anderes erwarten.

Franziska stand unschlüssig im Treppenhaus. Wohin sollte sie nur? — Zum Vater? — Nein, sie fürchtete sich vor ihm — vielleicht zum erstenmal in ihrem Leben. — Das Auftreten ihres Fußes schien ihr störend in der Stille des Hauses. — Schließlich stand sie vor Herberts Türe. Es war vielleicht am besten, zuerst den Bruder zu sprechen. Leise öffnete sie die Türe — dann bot sich ihren Augen ein Bild, das sie in ihrem ganzen Leben glaubte nie vergessen zu können.

Pfarrer Winter hatte die drei Kinder um sich versammelt. Herbert mit dem schluchzenden Peter auf dem Schoß — an ihm lehnend Ruth — und dort — in dem Sessel in der Ecke — war das nicht der Vater, der seinen Kopf in die Hände vergraben hatte und schmerzlich aufstöhnte? — Und der Onkel sprach — nein — er betete: „Wir wollen uns ja gerne deinem heiligen Willen beugen — aber wenn es sein kann, dann laß sie uns noch eine Weile — erhalte den Kindern die Mutter — aber wenn du es beschlossen hast, sie zu dir zu nehmen, dann schenke ihr doch noch die Freude, daß ihr letzter Wunsch erfüllt wird — laß Franziska heimkehren — erbarme dich des verirrten Kindes — um Christi willen."

Mehr hörte Franziska nicht. Niemand hatte sie bemerkt. Leise zog sie die Türe hinter sich zu. — Dann aber war es mit ihrer Selbstbeherrschung vorbei. Aufschluchzend lehnte sie an der Wand, schlug die Hände vor das Gesicht und weinte bitterlich.

So fand sie der Onkel, der einige Augenblicke später aus Herberts Zimmer trat. „Gott sei gelobt, unser Gebet ist erhört", sagte er, während er seine Arme um die Wankende legte und sie in das Zimmer zu den andern führte.

Es war ein überwältigender Augenblick. Vielleicht verspürten sie es zum erstenmal in ihrem Leben, was es heißt, die Erhörung eines Gebetes zu erfahren. Professor Brenner zog seine Tochter wortlos in die Arme. Der alte Pfarrer aber wußte: dieses Erlebnis würde auch an der Seele des Vaters nicht spurlos vorübergehen.

Und dann stand Franziska am Bett der todkranken Tante.

Alle andern waren draußen geblieben. Überwältigt von dem Ernst der Stunde, die Franziska so gefürchtet und doch so heiß herbeigesehnt hatte, sank sie vor dem Bett der Sterbenskranken nieder. Gott allein war Zeuge dieses wunderbaren Augenblickes, wo sich Herz zum Herzen fand. Lange durfte Franziska nicht im Krankenzimmer bleiben. Als die Geschwister sie ins Wohnzimmer geleiteten, erlitt sie einen Zusammenbruch. Laut weinend sank sie in die Arme ihres Bruders. Die seelischen sowie körperlichen Anstrengungen waren über ihre Kraft gegangen.

Man mußte den Arzt holen.

„Sie darf auf keinen Fall hierbleiben", bestimmte dieser, „es kann um ihretwillen und der Sterbenden wegen nicht sein."

Was nun? Konnte man das ermattete Mädchen, das soeben die beschwerliche Reise quer durch Deutschland zurückgelegt hatte, wieder fortschicken? Ein kurzes Beraten, und dann war schon ein Ausweg gefunden.

Pfarrer Winter, der gekommen war, um seine Nichte noch einmal zu sehen, mußte heute abend wieder zurückreisen, da er an einer wichtigen Konferenz teilzunehmen hatte. Nun beschloß man, ihm Franziska mitzugeben. Ja, das Pfarrhaus in Stollberg war der richtige Platz für sie.

In Decken gehüllt, lehnte Franziska in den weichen Polstern eines Abteils zweiter Klasse und fuhr wieder eine Nacht hindurch. So sehr sie sich auch bemühte sich zu beherrschen, sie konnte es nicht verhüten, daß ihr die Tränen unaufhaltsam über die Wangen liefen.

Pfarrer Winter ließ sie still gewähren. Er wußte, dieser Zusammenbruch war nötig, sein Seelsorgerauge hatte längst entdeckt, daß er mehr seelischer wie körperlicher Art war. Nun wollte er sie nach Hause bringen zu seiner Frau. Die würde mit linder Hand die Wunde verbinden und dem verzagten Herzen zurechthelfen. Zu solchem Dienst taugte sie noch besser als er. Das Leid und die Stille reifen den Menschen aus.

Franziska im Pfarrhaus. — Wie seltsam sind oft die Wege Gottes! Wie hatte sie sich gesträubt, hierherzukommen! Wie hatte sie sich gegen alles Religiöse gewehrt! Nun saß sie hier an der Seite der stillen, gütigen Pfarrfrau und empfand es so wohltuend, daß diese mit ihr von der Möglichkeit eines neuen Lebens mit Gott sprach und mit ihr betete. Es ging nicht von heute auf morgen. Auch in ihr mußte die Erkenntnis erst zur Reife kommen, daß auch sie ein neuer Mensch werden konnte, nicht durch eigene Kraft und Bemühungen, sondern allein durch die Gnade Gottes und das Erbarmen Christi. Sie erlebte Zeiten schwerster Selbstanklage, und sie meinte, nie im Leben wieder froh werden zu können. Aber solche Not lehrte sie beten.

In den ersten Tagen hatte sie angstvoll auf die Todesnachricht der Tante gewartet, immer, wenn sich ein Schritt dem Hause näherte, erschrak sie, weil sie glaubte, es sei der Telegraphenbote. Aber die gefürchtete Nachricht blieb aus.

Eines Tages aber kam ein Brief, und dieser enthielt eine Freudenbotschaft. „Es ist, als wenn ein Wunder geschehen wäre", schrieb Herbert, „der Arzt hat wieder ein klein wenig Hoffnung."

„O Tante, Tante", zum erstenmal schallte Franziskas Stimme freudig durch das Haus, „Tante — vielleicht wird sie doch wieder gesund!"

„Gott kann noch heute Wunder tun", erwiderte die Pfarrfrau und zog das junge Mädchen an sich.

Und das Wunder geschah. War es die Freude, die Henriette mit neuer Kraft erfüllte, die Freude darüber, daß das verirrte Kind heimgekehrt war und sich nun auch zu ihr gefunden hatte?

Immer wieder kamen Nachrichten von Güntherstal. Und mit jeder wurde die Hoffnung und die Freude größer. Franziska, die wieder ganz erholt war, hatte Adelheids Platz im Hause eingenommen und war unter Johannas Anleitung als Haustochter tätig.

„Ich hätte gar nicht gedacht, daß Hausarbeit so schön sein kann", vertraute sie eines Tages der Tante an. „Wie wird sich Tante Henni freuen, wenn ich ihr nun zu Hause beweisen kann, was ich gelernt habe. Ach Tante, so schön es bei euch ist, ich habe doch große Sehnsucht nach Hause."

Und dann kam eines Tages ein Brief an Franziska. Der erste, den Tante Henni nach der Krankheit selbst schrieb. Sie las ihn mit klopfendem Herzen:
„Meine liebe große Tochter!
Das bist Du jetzt, ich fühle es. Ich finde nicht Worte des Dankes für die wunderbare Durchhilfe Gottes aus den angstvollen, bangen Wochen, die hinter mir liegen. Nun geht es mir langsam besser. Es kann ja nicht anders sein, wenn man so mit Liebe umgeben ist wie ich. Mein Zimmer gleicht einem Blumengarten. Peter plündert unsere sämtlichen Blumenbeete, und ich fürchte, auch solche aus der Nachbarschaft. Nun fehlt mir noch eins, und das bist Du. Ich kann es Dir gar nicht sagen, wie sehr ich mich danach sehne, mit Dir gemeinsam die alten Aufgaben wieder aufzunehmen. Es wird ja wohl noch ein Weilchen dauern, bis ich wieder ganz bei Kräften bin, aber ich bin voller Hoffnung. Meine größte Freude jedoch ist die, daß ich nun eine große Tochter habe, und daß der liebe Gott es fertiggebracht hat, unsere Herzen zueinanderzuführen. Nicht wahr, Du kommst bald nach Hause? Und nun muß ich Dir noch eine große Freude mitteilen. Vor einigen Tagen kamen Herbert und Heidi zu mir und gestanden mir, daß sie sich liebhätten. Herzlich habe ich mich darüber gefreut. Sie sind beide noch jung und haben noch eine weite Strecke Wegs zu gehen, bis sie sich die Hand fürs Leben reichen können, aber sie sind bereit, in Geduld zu warten, eines auf das andere. Ich habe letztes Jahr bei unserem Ferienaufenthalt in Stollberg schon geahnt, daß es zwischen ihnen einmal soweit kommen würde. Damals erlebten sie Wochen ungetrübter Freude miteinander. Ihre Herzen aber fanden sich wohl in den Wochen schweren Leides, die sie hier gemeinsam erlebten, und ich finde es immer gut, wenn zwei Menschen, die glauben, füreinander bestimmt zu sein, sich gegenseitig auch im Leid erproben. Hat nicht

auch das Leid zwischen uns die Brücke geschlagen? So laß uns dafür dankbar sein. Du wirst an Adelheid eine liebe Schwester bekommen. Sie ist ein so prächtiger Mensch, und ich glaube, daß sie Herbert sehr glücklich machen wird. Wenn Du nach Hause kommst, um Auguste zu helfen, will sie für einige Tage in ihr Elternhaus fahren, bevor sie zu Tante Winter zurückkehrt. Herbert wird sie begleiten, um offen mit ihren Eltern zu reden. Wie dankbar bin ich für die Führungen Gottes. Grüße mir meine lieben Pflegeeltern. Du aber laß nicht zu lange auf Dich warten.

In herzlicher Liebe   Deine Tante Henni."

Noch am selben Abend ging ein Telegramm von Stollberg ab:

„Mutter, ich komme morgen nach Hause.

                                           Franziska."

Littau Anetta